Eckhard Kleppe

Predigten - länger haltbar

Eckhard Kleppe

Predigten - länger haltbar

Das Amen ist der Anfang

Fromm Verlag

Impressum/Imprint (nur für Deutschland/ only for Germany)
Bibliografische Information der Deutschen Nationalbibliothek: Die Deutsche Nationalbibliothek verzeichnet diese Publikation in der Deutschen Nationalbibliografie; detaillierte bibliografische Daten sind im Internet über http://dnb.d-nb.de abrufbar.

Contact:
International Book Market Service Ltd., 17 Rue Meldrum, Beau Bassin, 1713-01 Mauritius
Website: www.bookmarketservice.com
Email: info@bookmarketservice.com

Gedruckt in: USA, UK, Deutschland. Dieses Buch wurde nicht in Mauritius produziert.

Imprint (only for USA, GB)
Bibliographic information published by the Deutsche Nationalbibliothek: The Deutsche Nationalbibliothek lists this publication in the Deutsche Nationalbibliografie; detailed bibliographic data are available in the Internet at http://dnb.d-nb.de.

Contact:
International Book Market Service Ltd., 17 Rue Meldrum, Beau Bassin, 1713-01 Mauritius
Website: www.bookmarketservice.com
Email: info@bookmarketservice.com

Printed in: U.S.A., U.K., Germany. This book was not produced in Mauritius.

ISBN: 978-3-8416-0163-6

Für Christine

Eckhard Kleppe

Predigten – länger haltbar

Für ihre hilfreiche Unterstützung beim Erarbeiten dieses Buches danke ich Waltraut und Helmut Burkhardt sowie meiner Tochter Anna.

Inhaltsverzeichnis Predigten

Seite

Gerechtigkeit und Freiheit – zu große Worte? [1]

Predigt über 2.Mose 3, 6-10 [2] 5.03. 1995, Sonntag Invokavit

Und er sprach weiter: Ich bin der Gott deines Vaters, der Gott Abrahams, der Gott Isaaks und der Gott Jakobs. Und Mose verhüllte sein Angesicht; denn er fürchtete sich, Gott anzuschauen. Und der HERR sprach: Ich habe das Elend meines Volks in Ägypten gesehen und ihr Geschrei über ihre Bedränger gehört; ich habe ihre Leiden erkannt. Und ich bin herniedergefahren, dass ich sie errette aus der Ägypter Hand und sie herausführe aus diesem Lande in ein gutes und weites Land, in ein Land, darin Milch und Honig fließt, in das Gebiet der Kanaaniter, Hetiter, Amoriter, Perisiter, Hiwiter und Jebusiter. Weil denn nun das Geschrei der Israeliten vor mich gekommen ist und ich dazu ihre Not gesehen habe, wie die Ägypter sie bedrängen, so geh nun hin, ich will dich zum Pharao senden, damit du mein Volk, die Israeliten, aus Ägypten führst.

2.Mose 3, 6-10

Liebe Gemeinde!

Aus diesem Gottesdienst sollen sie etwas mitnehmen. Das ist wohl das Anliegen jedes Pfarrers bei jedem Gottesdienst. Wenn man allerdings einige Jahre gepredigt hat, dann weiß man, dass mit Worten nicht so viel auszurichten ist. Deshalb möchte ich ihnen ein kleines Geschenk machen, als Andenken sozusagen, an diesen Tag und Gottesdienst. Mehr als ein Andenken kann es nicht sein, denn eines ist klar, so ein Zahnrad für sich alleine ist ziemlich einsam und von geringem Nutzen. Es kann irgendwo rumliegen, oder es kann sich ständig um sich selber drehen, mit dem Effekt, dass nichts dabei herauskommt. Anders sieht die Sache aus, wenn man sich zusammentut und zusammen wirkt, von einem gemeinsamen Mittelpunkt und mit einem eindeutigen Profil.

Die Zahnräder müssen zusammen passen. Kirche und Arbeitswelt, das sind nicht unbedingt zwei Zahnräder, die füreinander geschaffen sind. Im öffentlichen Bewusstsein gehören die zwei Bereiche nicht zusammen. Das gilt für den innerkirchlichen Bereich ebenso wie für den weltlichen Bereich. Hier herrscht auf der einen Seite, überspitzt gesagt, die Einstellung vor, dass in Betrieben, in Unternehmen und am Arbeitsplatz nicht gebetet und in der Kirche nicht gearbeitet wird. Ganz nach dem alten Motto: Pfarrer müsste man sein, dann bräuchte man nur am Sonntag zu schaffen. Und auf der anderen Seite ist es so, dass ich immer wieder mal gefragt werde: Kirche und Arbeitswelt? Was ist denn das, was hat das denn mit einander zu tun, wofür ist das gut?
Ich fühle mich dann immer so, als müsste ich jetzt erklären, warum der Mensch zwei Hände hat. Und das ist nicht ganz einfach. Es ist nicht ganz einfach eine Erklärung für etwas zu finden, das sich eigentlich von selbst verstehen sollte. Eigentlich, denn selbstverständlich gehört es zusammen. Irgendwie, irgendwo scheint das nur auf beiden Seiten in Vergessenheit geraten zu sein. Dafür gibt es aus der Geschichte heraus viele Gründe, entscheidende und weniger entscheidende. Ich möchte zu jedem Bereich nur einen Gedanken äußern.

Der Kirche ist die Arbeitswelt vielleicht auch deshalb so fremd, weil sie sich ausgesprochen schwer damit tut, sich selbst als Arbeitswelt zu begreifen. Man hat immer so ein bisschen den Verdacht, Kirche möchte etwas anderes, vielleicht sogar etwas besseres sein. Aber sie ist es nicht. Davor werden ganz gern die Augen verschlossen.
Die Kirche ist eine Arbeitswelt wie alle anderen auch: mit Arbeitnehmern und Arbeitgebern, mit Ellenbogen und Prestigekämpfen, mit Mobbing und - ein Wort das ich ganz neu gelernt habe – Bossing. Das sind die Intrigen der Vorgesetzten, auch die gibt es in der Kirche, ebenso wie es die Ideologie gibt, dass alle zahnradmäßig aufeinander angewiesen sind. D.h., auch in der Kirche sitzen angeblich alle in einem

Boot, und auch in der Kirche profitieren einige von dieser Tatsache mehr und die anderen eben weniger Auch in der Kirche ist es so, dass die mehr Profitierenden auch mehr zu sagen haben. Kirche ist Arbeitswelt. Dem muss dringend mit mehr Redlichkeit und Offenheit begegnet werden. Dann braucht man vielleicht auch innerhalb der Kirche nicht mehr so zu tun, als sei die Arbeitswelt die fremde, andere Welt irgendwo da draußen, von der man gar nicht so genau weiß, was man mit ihr zu schaffen hat.

Auf der anderen Seite: in der Arbeitswelt scheint die Anwesenheit von Kirche vielleicht auch deshalb befremdlich, weil die moderne Form der Versklavung möglicherweise weiter fortgeschritten ist, als man das wahrhaben will. Henry Ford war noch der Meinung, jeder, der in seiner Fabrik arbeitet und Autos bauen will, habe seine Seele in der Garderobe abzugeben, bevor er ans Fließband tritt. Der arbeitende Mensch ein seelenloser Mensch, die Arbeitswelt eine seelenlose Welt, in der der Mensch tatsächlich darauf reduziert ist, als Zahnrad in einem Getriebe gebraucht zu werden und zu funktionieren. Eine seelenlose Welt braucht natürlich keine Kirche, braucht nicht das menschliche Wort von göttlicher Liebe und Gerechtigkeit. Das kommt all jenen in die Quere, die heute noch denken wie vor 75 Jahren Henry Ford. Für sie kann Kirche und Arbeitswelt nicht zusammen passen. Ihnen ist der Mensch letztlich egal. Der Mensch wird zur Maschine aus Fleisch und Blut. Er ist nicht mehr wert, als er zu leisten in der Lage ist.

Die Bibel redet an vielen Stellen eine andere Sprache. Die Schriftlesung und der Predigttext stehen für eine Tradition im Christentum, die ganz weltlich ist. Sie hat immer die Fragen von Arbeit und Arbeitslosigkeit, von gerechtem Lohn und Solidarität ganz zentral im Blick.

Die Trennung von Leib und Seele, von Geistlichem und Fleischlichem, von Gebet und Arbeit, von Kirche und Arbeitswelt ist ihr fremd. Der Predigttext macht noch eines deutlich: Die Israeliten sind versklavt. Sie werde ausgebeutet. Sie sollen durch ihre Arbeit Großes vollbringen und werden verachtet und noch der Faulheit

bezichtigt. Ihre Situation stellt sozusagen den Prototyp, den Urtyp ausbeuterischer Arbeits- u. Produktionsverhältnisse dar.
Gekennzeichnet ist diese Situation von Unfreiheit und sozialer Ungerechtigkeit. Und hier, wo solche Zustände herrschen, greift Gott ein. Das Bemerkenswerte an dem Text ist, dass Gott selber die Frage von Freiheit und Gerechtigkeit, mal salopp gesagt, zur Chefsache erklärt. Nicht, dass der Mensch nur genug für sein Seelenheil betet, ist Gottes Anliegen. Dass er in Freiheit und Gerechtigkeit leben kann, ist Gott mindesten ebenso wichtig. Das ist das Ziel, das Gott für sein Volk vorgesehen hat. Vielleicht ist es kein Zufall, dass es oft bis in unser Jahrhundert hinein Menschen aus dem jüdischen Volk waren - und gar nicht mal besonders religiöse - die dieses ursprünglich göttliche Anliegen weitergetragen haben. Sie sind vehement nicht gegen die feudalistische, sondern gegen die kapitalistische Variante von Ausbeutung und Ungerechtigkeit aufgetreten. Einer dieser Menschen war Rozalia, genannt Rosa Luxemburg. Ich erwähne sie aus zwei
Gründen: Zum einen, weil sie heute, am 5. März vor 125 Jahren, geboren wurde
Der andere Grund: Ihr Kampf für eine gerechtere Welt war immer auch von Liebe getragen. Im Respekt und in der Achtung gegenüber dem Andersdenkenden hat sie das Wort Freiheit definiert, also in Eigenschaften, die damals wie heute viel zu sehr fehlen.

Wir leben heute nicht mehr in einer Sklavenhaltergesellschaft des Altertums, und wir leben nicht mehr in der Klassengesellschaft des 19. und beginnenden 20. Jahrhunderts. Wir leben aber auch nicht im Land, wo Milch und Honig fließen, oder im Reich der Freiheit, oder wie immer man jenen Zustand nennen will, in dem Freiheit und Gerechtigkeit verwirklicht sind. Das Gegenteil ist der Fall. Die Kluft zwischen Reichen und Armen wird immer größer, sowohl im Weltmaßstab, als auch in unserem Land. Weltweit sind ca. 800 Millionen Menschen arbeitslos. Gleichzeitig werden 200 Millionen Kinder als billige Arbeitskräfte missbraucht. Gewerkschaften werden militärisch bekämpft und ganze Kontinente vom Wirtschaftsgeschehen ausgeschlossen. Die Bilanz, die in diesen Tagen auf dem Weltsozialgipfel gezogen wird, sie wird wenig Gutes aufzuweisen haben. Ein Fünftel der Menschheit verarmt. Die Kluft zwischen Reichen und Armen wird immer größer, wie gesagt, auch im nationalen Rahmen. Die Arbeits-u. Geldverteilung ist reichlich in Schieflage. Die Arbeitslosen werden immer mehr. Und manchmal hat man schon den Eindruck, dass es einigen der Entscheidungsträger und Weichenstellern gar nicht darum geht, Arbeitslosigkeit abzubauen, sondern darum, sie als das zu benutzen, wozu sie schon immer in bestimmten Maß benutzt worden ist, nämlich als Mittel zur Disziplinierung und Einschüchterung. Und zur Geldverteilung ist zu sagen: Leistung muss sich lohnen. Aber 70% des privaten Geldvermögens gehören 30% der Bevölkerung. Nun ist es sicher so, dass einige fleißiger sind als andere oder auch besser sparen können. Und trotzdem bleibt es schwer vorstellbar, dass die Arbeit von 70% der Menschen in unserem Land nicht mehr wert sein soll als knapp ein Drittel vom ganzen Kuchen .Die paar Zahlen und Beispiele machen deutlich: Freiheit und Gerechtigkeit bestehen - als Aufgabe. Sie sind eine Aufgabe für die Kirche und den weiten Bereich Arbeitswelt. Denn hier geht es um uns, um Menschen, und es geht darum, dass die Schreie der Unterdrückten, wie es im Bibeltext heißt, verstummen - die Schreie der Unterdrückten, der Ausgegrenzten, der Chancenlosen und der zwangsweise Benachteiligten.

Freiheit und Gerechtigkeit, das sind nun sehr große Worte. Sie gehören zu den Traumworten der Menschheit. Und eines hat die Geschichte gelehrt, der Traum vom Fliegen war leichter zu verwirklichen, als der Traum von Freiheit und Gerechtigkeit. Vielleicht auch deshalb, weil mit dem Fliegen mehr Profit zu machen ist.

Wenn es um menschlichen Fortschritt geht, ist es komplizierter. Werte wie Freiheit und Gerechtigkeit geraten mitunter sogar im Lexikon in Rubrik: gut gemeint, aber nichts anderes als ein utopisches Anliegen unverbesserlichen Weltverbesserer.

Ich muss sagen: zum Glück gibt es diese Traumworte. Zum Glück gibt es die

biblischen Geschichten, die vom Wunsch nach mehr Freiheit und Gerechtigkeit erzählen. Ohne diese Worte und Geschichten verliert unsere Hoffnung ihre Sprache, und wir verlieren unsere Hoffnung. Von Freiheit und Gerechtigkeit muss deshalb immer wieder geredet werden, es muss nach ihr gefragt und für sie gestritten werden, denn, so formuliert es das Wort der beiden Kirchen zur wirtschaftlichen und sozialen Lage in Deutschland: Eine Gesellschaft, in der nur noch Verdienst und Gewinn zählen, in der Wettbewerb und Macht die allein bestimmenden Größen sind, ist auf dem Weg, die Menschlichkeit, die Solidarität und die Verantwortung füreinander preiszugeben. Und das, so heißt es in dem Wort weiter, entspricht nicht Gottes Plan von der künftigen Welt, an der wir mitarbeiten sollen.
Diese Mitarbeit kann ich mir nur so vorstellen, wie es in einem mittlerweile bekannten, und vielleicht schon zu sehr strapaziert Motto beschrieben ist, nämlich: dass viele kleine Leute, aus Kirche und Arbeitswelt, an vielen kleinen Orten - in Hanau und Umgebung - viele kleine Schritte tun, um das Gesicht der Welt ein wenig oder ein bisschen mehr zu verändern.

Und der Friede Gottes, der höher ist als alle Vernunft, bewahre eure Herzen und Sinne in Jesu Christus. Amen!

Trinität - Gottes Weise uns zu berühren

Predigt über Römer. 11, 33-36 06.06. 2004.,Trinitatissonntag

O welch eine Tiefe des Reichtums, der Weisheit und der Erkenntnis Gottes! Wie unerforschlich sind seine Entscheidungen und unausdenkbar seine Wege. „Denn wer hat den Sinn des Herrn erkannt, oder wer ist sein Ratgeber gewesen? Oder wer hat ihm etwas zuvor gegeben, dass es ihm wieder vergolten werden müsste?“
Denn aus ihm und durch ihn und zu ihm hin sind alle Dinge. Sein ist die Ehre in Ewigkeit! Amen.

Römer. 11, 33-36

Liebe Gemeinde!

Diese Worte des Paulus nennt man einen Lobpreis Gottes. Sie sind etwas geheimnisvoll. Unerforschlich und unausdenkbar, so heißt es, ist das, was Gott tut und warum er es tut. Und etwas geheimnisvoll mutet auch der Name des heutigen Sonntags an: Trinitatissonntag, also Sonntag der Trinität. Wir Christen glauben an Gott, aber nicht an irgendeinen. Nicht an irgendeinen, der so Kunststückchen fertig bringt und es donnern und blitzen lässt, wie Donar bei den Germanen oder wie der griechische Zeus, zu dessen Ehren früher Spiele abgehalten wurden, die heute immer noch so heißen: olympische Spiele. er war ein Gott, dessen größte Leidenschaft darin bestand, die Welt mit seinen Nachkommen zu überziehen. Dabei schreckte er auch vor Inzucht nicht zurück.
Wir glauben an einen Gott, der anders benannt und beschrieben wird, weniger anschaulich als in den Religionen der Vielgötterei.
Wir reden vom dreieinigen Gott, von Vater, Sohn und heiligem Geist. In seinem

Namen feiern wir Gottesdienst und in seinem Namen taufen wir Kinder, wie heute Klara. Manche meinen deshalb, dass gerade das Christentum Vielgötterei betreibt. Das ist natürlich Unsinn ist und ist begründet in Unverständnis und Unwissenheit.
Aber wie ist es nun zu verstehen, dass drei eins sein sollen?

Das hängt zutiefst mit Jesus zusammen. Die Jünger haben Jesus nicht nur als einen hervorragenden Menschen verehrt, der zum Märtyrer geworden ist. Sie spürten und glaubten, dass in ihm, in diesem Menschen, Gott gegenwärtig ist. Und sie spürten und glaubten nach Golgatha und Ostern: es ist möglich in seinem Geist weiter zu leben und aus diesem Geist Hoffnung zu schöpfen.
Und so wuchs die Überzeugung: Gott, das ist Gott der Schöpfer und Vater, durch den unser Leben und das Leben der Welt geworden ist; und er ist Gott, der uns durch Jesus Christus seine liebende Nähe gezeigt hat und durch den Vergebung der Schuld möglich geworden ist; und er ist Gott, der hl. Geist, der Menschen begeistert und in Bewegung versetzt, der Kraft verleiht und Durchblick gewährt, damit die Richtung stimmt.

Man kann auch sagen: Gott, das ist der „Gott über uns“, der das Leben schenkt, der in jedem Kind, das geboren wird das Leben neu schenkt. Und es ist „Gott für uns“, auch für uns gestorben, damit wir frei atmen können und die Hoffnung zumindest am Horizont nie untergeht, damit Befreiung und Vergebung möglich bleiben und die Bosheit letztlich nicht doch zum lautesten Evangelium in der Welt wird. Und er ist „Gott in uns“, der zum Glauben und Handeln Mut macht, Mut macht dazu, Türen aufzustoßen und Ängstlichkeit zu verlieren, damit wir nicht für Jahre und Jahrzehnte immer nur um uns selbst, für uns selbst und mit uns selbst im Kreis herum laufen ohne wirklich vorwärts zu kommen.
Gott ist Vater, Sohn und Heiliger Geist Er ist Gott über uns, in uns und um uns -

er ist Gott, aus dem heraus alles lebt, durch den Leben erhalten wird, zu dem hin alles Leben kommen wird.

Glaube an den dreieinigen Gott, den wir mit dem Glaubensbekenntnis ja jeden Sonntag aussprechen, den Eltern und Paten und auch die Gemeinde stellvertretend für die Kinder aussprechen, dieser Glaube hat nichts zu tun mit einer abstrakten Idee von etwas jenseits der Wolken. Der Glaube ist zugleich die Kraft des Glaubens, die Menschen bis heute in sich spüren und von der sie sich bewegen lassen.

Dieser letzte Satz ist mir wichtig und er ist auch an sich wichtig: Es geht um diese Kraft, um die Kraft des Glaubens und nicht darum, Gott zu erklären oder zu enträtseln, um ihn dann zu verleugnen, wenn er sich in den Netzen unserer Logik, auch unseres Zweifels und auch unserer Selbstgefälligkeit nicht verfängt.

Was Paulus schreibt über die Unerforschlichkeit Gottes und die Grenzen des Denkens, das bleibt bestehen und richtig. Aber genauso richtig bleibt es – und das meint Trinität - Dreieinigkeit - , dass Gott uns nicht uns selbst überlässt, sondern auf verschiedene Weise unser Leben berührt. Als Vater hat er die Schöpfung gewollt und er schafft das Leben. Das glaubend ernst zu nehmen ist kein Selbstläufer. Es hinterlässt viele Fragezeichen am ausbeuterischen Verhalten der Menschen. Die meinen nämlich, in der Schöpfung so etwas wie einen Selbstbedienungsladen vor sich zu haben. Das ist die Erde aber nicht. Sie ist Schöpfung und deshalb ist der Umgang mit ihr vor Gott zu verantworten.

Als Sohn ist Gott uns nahegekommen und hat gezeigt, wie gut er es mit uns meint, damit wir es gut haben und so gut wie möglich sein können, und immer wieder einen Ausweg finden aus Egoismus, Feindschaft und Verbitterung.
Und als hl. Geist ist Gott die Ermutigung zur Hoffnung, zur Barmherzigkeit und zur

Liebe. Denn in allem ist Gott die Liebe, wie es hier in unserer Kirche steht: Gott ist Liebe – ist die Kraft, die letztlich das Leben im Innersten lebenswert macht.

Warum er das tut, warum er die Liebe hergenommen hat, um zwischen sich und den Menschen Gemeinschaft zu stiften und warum Liebe Menschen untereinander verbinden soll, das bleibt - wenn auch ein wunderbares - aber ein Geheimnis.

Das passt kaum in unsere Zeit. Die ist geprägt von berechnender Vernunft und logischer Wissenschaft. Damit meint man alles im Blick und im Griff zu haben, und kümmert sich doch nur um das, was Geld bringt. Goethe hat einmal geschrieben: *Höchstes Glück der Menschenkinder ist es, das Erforschliche zu erforschen und das Unerforschliche ruhig zu verehren.*
Ruhig zu verehren, Gott zu verehren und damit dem zu vertrauen, dem in die Karten zu schauen wir Menschen nicht hinlangen, das mag – wie gesagt – schwer fallen. Das fällt sogar Theologen schwer, z.B. dem Kirchenvater Augustin, der erstaunliche Einsichten gewonnen und fast ein Leben lang über Gott nachgedacht hat. Er berichtet selber über einen Traum, den er hatte. In diesem Traum sah er einen kleinen Jungen, der saß am Strand. Er hatte ein Loch in den Sand gemacht und schöpfte mit einer Muschel Wasser hinein. Augustin fragte den Jungen, was er da tue, und der sagte: „Ich will das Meer in dieses Loch füllen.“. Verständnisvoll lächelnd über den Unverstand des Knaben sagt Augustin: „Das wird dir aber nicht gelingen“. Da schaut ihn der Junge an und fragt zurück:“Aber du, du willst mit deiner menschlichen Vernunft das Geheimnis Gottes ergründen?“ Eine gute Frage.

Es gibt manches, das ist höher als die Vernunft und der Vernünftige weiß das. Gott zu ergründen und letztlich auch die Frage nach seiner Existenz zu stellen, bedeutet immer eine Frage zu stellen, die nie durch eine Antwort, sondern durch eine Frage beantwortet wird, nämlich durch die Frage, ob wir bereit sind, uns von Gott berühren zu lassen! Das wäre nötig, denn was Gott und Mensch verbindet ist kein Beweis und kein notarieller Vertrag, sondern Liebe. Und die braucht den einen, der gibt und den anderen, der sie dann aber auch nimmt. Und Gott gibt sie und verschenkt sie als Vater, Sohn und hl. Geist mitten hinein in das Leben, das wir in uns selbst haben und das um uns herum ist .Gottes Wege sind unerforschlich. Das ist wahr. Aber es gibt für uns immer einen Weg, auf dem wir zu ihm kommen können. Den kann man möglicherweise schon in dem Augenblick entdecken, in dem man einem kleinen neuen Menschen zu Gesicht bekommt.

Und der Friede Gottes, der höher ist als alle Vernunft bewahre unsere Herzen und Sinne in Jesus Christus. Amen!

Ohne Gott ist seltsamer als mit Gott

Predigt über 1. Joh. 4,7-11 05.09.2004, 13.Sonntag nach Trinitatis

Liebe Gemeinde!

Was haben Sie eigentlich für einen Plan für heute Nachmittag, was werden sie machen?
Wenn wir jetzt ganz viel Zeit hätten zum Erzählen und Geduld zum Zuhören, dann könnte jetzt jeder einmal erzählen, was er so macht und wir anderen könnten zuhören. Das würde natürlich den Rahmen des Gottesdienstes sprengen und vielleicht sogar den einen oder anderen Plan des einen oder anderen über den Haufen werfen. Leicht vorstellbar ist, was da unter dem Strich herauskäme. Ganz viele und unterschiedliche Dinge werden da geplant sein. Die einen werden zusammen bleiben und den Tauftag feiern. Andere haben sich vielleicht vorgenommen, sich auszuruhen, einen Mittagsschlaf zu halten und vielleicht noch spazieren zu gehen und den Tag ruhig ausklingen zu lassen; oder man wartet auf ein bestimmtes Fernsehprogramm; oder man muss heute Nachmittag zur Spätschicht, oder man setzt sich noch mal ins Auto, um einen Besuch zu machen, um etwas anzuschauen!
Wie gesagt, ganz unterschiedlich wird das sein, was da so geplant ist, denn im Kleinen wie im Großen gilt: Jeder führt sein eigenes Leben.

Aber vielleicht sollte ich gar nicht „führt“ sagen. Vielleicht sind wird gar nicht so führend und sind nicht die Dirigenten des eigenen Lebens. Das fängt ja bei der Haarfarbe schon an; auch wenn die Kosmetikindustrie da viel gemacht hat und einem Mittel in die Hand gibt, die einen glauben lassen, man könne über die Haarfarbe selber bestimmen. Das stimmt natürlich nicht, zumindest, wenn es darum geht, wie wir wirklich sind.

Und bei anderem ist es ebenso fraglich, ob wir das wirklich selber in der Hand haben und bestimmen, dirigieren und führen können, z.B. warum wir gerade diesen Menschen lieben und mit ihm zusammen leben und viel mehr noch, warum dieser Mensch gerade uns liebt. Da bleibt doch vieles undeutlich und vage. Man muss eher vermuten, dass es einfach so gekommen ist, als dass man sagen könnte: Das habe ich gemacht, herbeigeführt und dirigiert.
Wie viel Zufälle im Leben jedes Einzelnen enthalten sind, damit der Augenblick so ist wie er jetzt ist und wir alle hier in der Kirche sind, um Gottesdienst zu feiern, das vermag niemand zu sagen. Es ist ebenfalls kaum zu sagen, wie viele Zufälle neben allem Überlegen und Planen und Entscheiden doch noch mit dabei sind, bis Menschen Eltern werden und sich über ihre Kinder freuen und sie zur Taufe bringen, oder bis zu dem Augenblick, dass jemand sagt: Ja, ich übernehme Verantwortung für eine Gemeinde und arbeite mit im Kirchenvorstand und freue mich darauf.
Und mit Zufall im Sinne von nicht selbst bestimmt und gewählt und schon gar nicht gewollt hat es auch zu tun, wenn jemand als Mensch und in dem, was er tut, von anderen geehrt und geachtet und gebraucht wird.

Es gilt also für Freud und Leid: Jeder führt sein eigenes Leben. Aber dahinein ist auch vieles verwoben, was man eben selber nicht herbei geführt hat und nicht selber im Griff hat und bezüglich der eigenen Lebensmelodie gibt man eben nicht immer selber den Takt an. Vielmehr muss man sich mit manchem abfinden, und anderes fällt einem einfach zu.

Genauso verschieden wie die Planungen für den heutigen Nachmittag – also für das, was kommen soll – genauso verschieden ist der Weg, der Lebensweg auf dem jeder bis hier her zu diesem Augenblick gekommen ist.

Und jetzt möchte ich bei aller Verschiedenheit und bei aller Unberechenbarkeit auf ein einziges hinweisen, das für uns alle sicher und fest ist und für uns alle gleich: Das ist der Satz über der Kanzel. Da steht für jeden von uns dasselbe. Das stand da auch vor einer Woche, vor einem Jahr und ich weis gar nicht, wie lange schon. Und schon lange bevor es da stand und auch wenn es irgendwann nicht mehr da stehen sollte, dann wird es weiter für uns erhalten bleiben in unserer Bibel. Aus ihr stammt dieser Satz stammt. Er kommt im heutigen Predigttext aus dem Ersten Johannesbrief vor in Kapitel vier, die Verse 7-11 und dort heißt es:

Ihr Lieben, lasst uns einander liebhaben; denn die Liebe ist von Gott, und wer liebt, der ist von Gott geboren und kennt Gott.
Wer nicht liebt, der kennt Gott nicht; denn Gott ist die Liebe.
Darin ist erschienen die Liebe Gottes unter uns, daß Gott seinen eingeborenen Sohn gesandt hat in die Welt, damit wir durch ihn leben sollen.
Darin besteht die Liebe: nicht, daß wir Gott geliebt haben, sondern daß er uns geliebt hat und gesandt seinen Sohn zur Versöhnung für unsre Sünden.
Ihr Lieben, hat uns Gott so geliebt, so sollen wir uns auch untereinander lieben.

1. Joh. 4, 7-11:

„Gott ist die Liebe" – dieser zentrale Satz aus dem Johannesbrief ist für uns alle gleich und wir haben ihn vor Augen.

Das kann uns erst mal daran erinnern, dass wir unser Leben im Gegenüber zu Gott führen. Dieser Gedanke ist uns nicht jeden Augenblick gegenwärtig. Einige denken sowieso nur daran, wenn es ihnen auf eine bestimmte Art schlecht geht und andere können damit überhaupt nichts anfangen, wenn sie hören, dass ihr Leben etwas mit Gott zu tun hat.

Aber es ist so. Denn kein Mensch lebt, ohne dass die Liebe für ihn nicht zumindest auch einen Augenblick lang in der Welt aufgeleuchtet hätte. Gänzlich ohne Liebe ist niemand. Und Gott ist die Liebe, d.h. Gott hat mit jedem Menschen zu tun, auch

wenn der Mensch selber das vielleicht noch gar nicht entdeckt hat oder nicht wahrhaben will.
Gott ist die Liebe. Daraus wird im ersten Johannesbrief dann gefolgert, dass wir Menschen uns auch untereinander lieben sollen. Diese ethische Forderung ist natürlich eine zentrale. In ihrem Sinne das Leben und die Welt zu gestalten ist tagtäglich eine neue Aufgabe über die beständig neu nachgedacht werden muss.

Das möchte ich jetzt nicht tun, sondern bei dem bleiben, was Gott ist. Er ist die Liebe! Ich glaube, das muss man ganz ernst nehmen vor allem im Unterschied zu dem, was es an anderen Aussagen über Gott in den Köpfen ist. Ein alter Mann mit weißem Rauschebart, das war die Vorstellung über Gott im 16. und 17. Jahrhundert, und sie hat Karriere gemacht bis heute. Andere denken bei Gott an den Richter, der aburteilt. Für wieder andere ist Gott so eine Art Kaufmann, der nur gegen reichlich Frömmigkeit reichlich Vergebung gibt. Für noch andere ist Gott der oberste Sittenwächter, dem Gehorsam lieber ist als Vertrauen.

Bei Johannes wird etwas anderes beton: Gott ist Liebe und er wartet nicht darauf, erst mal geliebt zu werden: Darin besteht die Liebe: nicht das wir Gott geliebt haben, sondern dass er uns geliebt hat und gesandt seinen Sohn zur Vergebung unserer Sünden.
Dieser Bibelvers besagt also: Gott hat mit jedem von uns eine Liebesgeschichte begonnen, für jeden gibt es – salopp gewendet - eine Love Story, und es gibt einen Unterschied zu der Liebe zwischen Menschen: Gottes Liebe schlägt nicht um in Abneigung oder Verachtung oder gar Hass oder Gleichgültigkeit oder ein Rechenexempel nach dem Motto: Wie du mir, so ich dir. Gottes Liebe schlägt nicht um, wenn sie enttäuscht wird. Dafür steht Jesus. Sie bleibt was sie ist: Liebe und das in Ewigkeit.
Jeder lebt und führt sein eigenes Leben mit Plänen und Planungen und vielen

unberechenbaren Einflüssen, die uns die einen Tage schwer machen und an anderen Tagen unsere Seele beflügeln. Im Großen und Ganzen wissen wir aber nie , was der morgige Tag bringt – bis auf eines, was wir hier vor Augen haben: Wir leben unser Leben im Gegenüber zu Gott und Gott ist die Liebe, und wo Liebe ist, da ist man letztlich immer gut aufgehoben. Ich wünsche uns allen, ein wenig und immer ein wenig mehr aus diesem Vertrauen heraus unser Leben zu leben und zu führen. Und andererseits ist es doch seltsam. Es ist seltsam, mehr allein leben zu wollen, als nötig ist. Ohne Gott ist eben seltsamer, als mit Gott.

Und der Friede Gottes, der höher ist als alle Vernunft bewahre unsere Herzen und Sinne in Jesus Christus. Amen!

Reformationsfest - oder: **Was in einem Apfel alles drin steckt!**

Predigt über Josua 1, 9 06.11.05

Siehe, ich habe dir geboten, dass du getrost und unverzagt seist. Lass dir nicht grauen und entsetze dich nicht, denn der Herr dein Gott ist mit dir, bei allem, was du tun wirst.

Josua 1, 9

Liebe Gemeinde und alle Konfirmanden!

Sie haben einen Apfel geschenkt bekommen [3], was doch eigentlich viel besser vor ein paar Wochen in den Gottesdienst gepasst hätte, als wir Erntedankfest gefeiert haben. Oder es würde viel besser zum 6. Dezember passen, dem Nikolaustag, wenn die Strümpfe und Stiefel von den Kindern des Nachts vor die Tür gestellt werden, in der Hoffnung, darin etwas Leckeres zu finden. Zumindest früher, als die Seelen der Menschen konsummäßig noch nicht so schamlos zugemüllt waren, hatte der Apfel und die Nüsse darin noch ihren Platz und galten als etwas besonderes. Aber ein Apfel ist heute etwas alltäglich Gewöhnliches und außerdem: Was hat er ausgerechnet heute im Gottesdienst zu suchen?
Heute ist Reformationssonntag. Weil der Reformationstag selber, der 31. Oktober kein Feiertag ist, wird alljährlich am Sonntag darauf der Reformation gedacht und natürlich spielt da Martin Luther die Hauptrolle. Von Luther nun ist ein Satz überliefert, der geht so: *Wenn Morgen die Welt unterginge, würde ich heute noch ein Apfelbäumchen pflanzen!*

Ein Apfelbaum, deshalb natürlich der Apfel für Sie und euch. Mit diesem Satz: Wenn Morgen die Welt unterginge würde ich heute noch ein Apfelbäumchen pflanzen, wird etwas angesprochen, dass schon im Predigttext aufgeblinkt ist: **Sei unverzagt,**

entsetze dich nicht, denn der Herr dein Gott ist mit dir, bei allem, was du tun wirst. Das ist die mahnende Einladung zum Vertrauen auf Gott, das auch dann noch trägt und hält, wenn die ganze Wirklichkeit dagegen sprich, selbst dann noch, wenn anzunehmen ist, die Welt ginge unter, selbst dann noch ein Bäumchen pflanzen, selbst dann noch der Zukunft eine Chance geben, selbst dann noch dem Leben die Tür offen halten. So war dieser Luther und er war so, bzw. ist so geworden, weil er dem Glauben schenken konnte, was in der Bibel steht im Sinne dieses Josuaverses: **der Herr dein Gott ist mit dir, bei allem, was du tust.**
Spannend wäre es, der Frage nachzugehen, ob die Menschen der Moderne, also heute, das überhaupt noch wollen, dass Gott gegenwärtig ist, bei allem was man tut – bei allem, was man so tut und redet. Oder ist es vielleicht doch besser, man stellt Gott ins Abseits, um tun und lassen zu können was man so will und für Freiheit hält? Reicht es nicht aus, sich dann an Gott zu erinnern, wenn das Schicksal einem übel reinspielt? Wie gesagt: eine spannende Frage, die jetzt einfach mal so stehen bleiben muss, oder wer will kann sie auch für sich mit nehmen.

Ich möchte nochmal zu dem Apfel kommen. Hätte jeder hier in der Kirche mit verbundenen Augen den Apfel in die Hand genommen, es hätte nicht lange gedauert, um zu wissen, dass man da einen Apfel bekommen hat. Natürlich sind Äpfel sehr unterschiedlich in Größe und Farbe und die Beschaffenheit der Schale ist je nach Sorte anders, aber es ist gerade in unserer Gegend eine ganz gewöhnliche Frucht.

So gewöhnlich war der Apfel nicht immer. Er war, solange es ein heiliges römisches Reich Deutscher Nation gab, das Hoheitszeichen der weltlichen, d.h. der kaiserlichen Macht. Kaiser war, wer u.a. den Reichsapfel in Händen hielt
Das letzte Original liegt heute in der Schatzkammer der Wiener Hofburg.
Der Apfel ist also ein Symbol der Herrschaft. Aber wer regiert wirklich? Wenn sie einen Apfel aufschneiden, und vielleicht machen sie das nachher zu Hause, nicht

längs, sondern der quer, dann sieht man einen Stern, in dem die Kerne eingelagert sind. Das ist der Ort, an dem die Zukunft und das Leben geborgen sind. Und dieser Stern ist natürlich das Symbol Christi. So verstand man früher auch die Welt: Der Kaiser hatte zwar die Macht, aber nur die weltliche. Ohne Christus als Zentrum hatte diese Macht keine Zukunft und keinen Bestand. Und da der Papst sich als Stellvertreter Christi auf Erden verstand und versteht, erhob er den Anspruch, über dem Kaiser zu stehen.

Im Mittelalter war dieses Denken besonders ausgeprägt, und die Versuchung für die Päpste war sehr groß, selber als weltliche Macht aufzutreten, wenn Kaiser oder Landesfürsten nicht spuren wollten. Und das taten die Päpste auch. Wie so oft, ging es dabei um Geld. Für Rom wurden die Provinzen des Reiches finanziell ausgequetscht. Für das Seelenheil mussten die Menschen ihr letztes Hemd hergeben. Wer nicht zahlen konnte, wurde bis in die Tiefen seiner Seele hinein erpresst und geängstigt. Die Gnade Gottes wurde nicht verkündigt, sondern verkauft. Nicht das Vertrauen in Gottes Barmherzigkeit, sondern die erstickende Angst vor dem Höllenfeuer war das Zentrum der katholischen Predigt. Und weil man annehmen musste – im Mittelalter war das ein ganz normaler Gedanke - weil man annehmen musste, dass die Welt morgen vielleicht doch untergeht, konnte man die Menschen rupfen wie die Hühner. Mit der Angst war anständig Kasse zu machen. „Und wenn die Welt Morgen untergeht, dann ist es besser Haus und Hof dranzugeben, um sogenannten Ablass zu kaufen. Die Händler des Ablasses waren allesamt im Namen des Papstes unterwegs und der hatte dadurch sozusagen die Schlüssel zur Tür des Himmels. Hindurch kam nur, wer es sich leisten konnte, anständig zu schmieren.

Dazu sagte Luther: Nein ! Wenn morgen die Welt untergeht, dann pflanze ich heute ein Apfelbäumchen!

Das ist Glaube nicht als Angst vor, sondern als Vertrauen auf Gott.

Damit trafen zwei ganz unterschiedliche Arten zu glauben aufeinander und zwei ganz unterschiedliche Vorstellungen darüber, was und wie Gott ist.

Was aus diesem Widerspruch geworden ist wissen wir heute: die Reformation. Seit fast 500 Jahren gibt es die Evangelischen Kirchen. Nebenbei bemerkt, diese verkaufen heute immer noch keinen Ablass und der Papst verkauft ihn immer noch, immer noch religiöser Mumpitz im 3. Jahrtausend.

Für seinen Widerspruch ist Luther viel Ehrung zuteil geworden, nicht nur von Bauern und Bettlern, auch von Fürsten und Königen seiner Zeit. Und eine späte Ehrung hat er auch noch erfahren in unserer modernen Mediengesellschaft. Als man im Fernsehen im zurückliegenden Jahr daran ging, den größten Deutschen per Zuschauerabfrage zu ermitteln, da war Luther zunächst unter den Top Ten und landete schließlich auf Platz zwei hinter Konrad Adenauer.

Als enorme Leistung wurde seine Bibelübersetzung gewürdigt, erstens weil sie dem Deutschen als Muttersprache einen guten und einheitlichen Stil gegeben hat und zweitens, weil damit allen die Möglichkeit gegeben war, eben in ihrer Sprache die Bibel zu lesen. Man war nicht mehr wehrlos dem spezifisch katholischen Verständnis der Heiligen Schrift ausgeliefert. Was ihn daneben aber eigentlich zu einem Großen der Geschichte und sogar der Weltgeschichte gemacht hat, so wurde bei diesem Auslobungswettbewerb gesagt, war seine Zivilcourage. Auf Leben und Tod von seiner Überzeugung nicht zu lassen, das war zugleich die Geburtsstunde der Gewissensfreiheit. Es gibt etwas, darüber darf sich weder Papst noch Kaiser, weder ein Parlament noch sonst eine Macht stellen.

Diese Begründung für Luthers Bedeutung wurde vorgetragen von einer evangelischen Bischöfin, Margot Käßmann. Viele haben diese Meinung geteilt. Ich habe mich nur etwas gewundert. Gewundert darüber, dass ein Wort nicht ausgesprochen wurde. Es hatte fast den Anschein, man wolle es umgehen, weil es irgendwie unzeitgemäß ist, so, als würden diese Eigenschaft einen nicht als großen Menschen auszeichnen. Das Wort heißt Gottvertrauen. Das hat Luther ganz zuerst ausgezeichnet: *Wenn morgen die Welt unterginge, würde ich heute noch ein*

Apfelbäumchen pflanzen .

Natürlich klingt es merkwürdig in unserer Zeit in einem Medienwettbewerb für einen Menschen mit dem Begriff Gottvertrauen zu werben. Da hört sich Zivilcourage und Gewissensfreiheit viel besser an und man sagt vielleicht noch: Na gut, Christ und gläubig war er halt auch noch!

Aber zumindest bei Luther war dies die Kraft, die letztlich die Welt verändert hat. Alles andere: Mut, Unbeugsamkeit, Zivilcourage, Risikobereitschaft, die Freiheit des redlichen Gewissens, das war sozusagen nur das Spielbein, das deshalb nicht eingeknickt ist, weil es das Standbein auch gab: Gottvertrauen - **lass dir nicht grauen und entsetze dich nicht, denn der Herr, dein Gott ist mit dir, bei allem, was du tun wirst** - auch bei allem, was dir widerfährt.

Reformation ist das Stichwort dieses Tages und Reformen das Stichwort unserer Zeit. Was heute damit verbunden ist, ist in einem großen Maß Ungewissheit für den Einzelnes und die Gesellschaft. Es gibt Sorgen um die Zukunft und - auch wenn es nur mit unsichtbarer Tinte geschrieben ist – mehr Verzagtheit als Zuversicht. Es gibt mehr Schuldzuweisung als Problemlösung, wobei manches freilich übertrieben schlecht geredet wird, aber fröhlichen Mut, die Probleme der
Zeit anzupacken, strahlt auch keiner aus.

Außerdem gibt es ganz private Sorgen auf all den Wegen, die wir gehen. Alle haben ihre Sorgen, um die Gesundheit, um enttäuschte Hoffnungen, um Arbeitsplatz und Schulnoten, um gelingende Beziehungen, um ein bisschen Liebe und Anerkennung. Und wo wir uns etwas so sehr gewünscht hatten, da ist es ausgeblieben und was bleibt, ist ein hartes Ringen um Geduld, und noch mal und noch mal und noch mal.

So ist das Leben. Aber es gibt natürlich auch die guten Seiten und Zeiten. Es gibt die Erfolge, das Gelingen, den Stolz, die pure Freude. Aber in solchen Zeiten gehen viele

ihre Wege vielleicht noch ehr und mehr ohne Gott, als mit ihm.
Gottvertrauen als eine **Lebensmöglichkeit** ist in unserer Gegenwart nicht das, worauf unser Sinnen und Trachten gerichtet ist. Da steht vieles andere viel höher auf der Wichtigkeitsliste des Lebens.
Vor Luther hatte man Gott hauptsächlich verbunden mit den Begriffen Sünde, Strafe, Angst. Luther hat entdeckt, dass das so nicht stimmt. Gott ist ein gnädiger Gott, der sich uns zuwendet als Liebe und Barmherzigkeit.
Heute verbinden viele mit Gott ein Achselzucken, mal ein Fragezeichen und oft Gleichgültigkeit.
Die Welt erklärt sich angeblich aus sich selbst, erklärt die Wissenschaft. Man braucht keinen Gott. Der Vernünftige hält es für angemessen, nur das zu glauben, was er sieht oder berechnen kann - was für eine naive Vernunft, die sich immer dann, wenn es um Gott geht bequem zurücklehnt und sagt: Naja, wer‘ braucht.
Gottvertrauen ist nicht zu erlernen. Selbst ich als Pfarrer kann ihnen nicht raten, machen sie es so und so, und dann wird sich Gottvertrauen einstellen als eine das Leben tragende Gewissheit. Man kann es nicht lernen, wie eine Vokabel, die man nur aussprechen muss und dann hat man die Kraft zur Verfügung, die einen unbeschadet durch alles hindurch trägt.
Gottvertrauen kenne ich nur als eine Art Geschenk. Es gibt kein Rezept, nur Erfahrung. Und die Erfahrung sagt: Es wächst! Das Gottvertrauen wächst, wie ein Apfelbaum. Der steht mal in voller Blüte und trägt gute Früchte. Zu anderer Zeit verliert er seine Blätter, auch schon mal vor der Zeit. Die Blüten können von Hagel vernichtet werden und Trockenheit setzt ihm zu. Und Tags drauf trotzt er stark und kraftvoll Wind und Wetter und unter seinem Blätterdach findet man Schatten und Schutz vor beißender Sonne
Eines tut der Apfelbaum immer: er wächst, er bildet ein Ring auf den anderen, mal üppig und mal ganz wenig, aber er wächst.
Letztlich ist Gottvertrauen nicht machbar, es wächst. Wir können es nicht machen,

liebe Gemeinde, aber was wir machen können ist, auf drei Dinge achten:

1. Sich nicht in eine Sackgasse jagen lassen durch oberflächliche Vernunft und Wissenschaftlichkeit, die generell behauptet, Glaube sei minderwertiger als Wissen und Fakten, und diese wiederum wichtiger als Gott.

2. Weil es doch so etwas ist, wie ein Geschenk, eine geschenkte Lebensmöglichkeit, an die uns unsere Religion und die Gottesdienste erinnern – weil es so etwas wie ein Geschenk ist, darf man sich nicht so verhalten (verschränkte Arme). Das wird nichts. So (empfangende Armhaltung) wird es besser. So bekommt das Wachstum eine Chance

3. Das wünsche ich ihnen von Herzen, tun zu können, liebe Gemeinde, egal wo sie auf ihrem Lebensweg gerade unterwegs sind: Pflanzen sie Ihre Apfelbäumchen. Ob sie fröhlich sind oder traurig, pflanzen sie Ihre Apfelbäumchen, die werden wachsen, **- denn der Herr dein Gott ist mit dir, bei allem, du ihr tut**.

Und der Friede Gottes, der höher ist als alle Vernunft bewahre eure Herzen und Sinne in Jesus Christus. Amen

David, Goliath und wir - eine Predigt in Versen

Predigt über 1. Samuel 17, 1 – 50a [4] 26.02.2006 Estomihi

Liebe Gemeinde!
Wieder einmal ist es soweit
und es ist fünfte Jahreszeit.

Die Narren und Jecken haben alles Land
mit ihren Scherzen und Versen fest in der Hand.

Und auch ich hab mich als Koch probiert
und aus Worten ein paar Verse zusammengerührt.

Das Ganze ist kein Festmahl geworden
und wenig geeignet für einen närrischen Orden.

Es ist auch kein Gebäck und kein Kuchen,
auch Sahne wird man vergeblich suchen.

Es ist auch kein Diätgericht
für ungeeignetes Übergewicht,

und schon gar keine koch'sche Buchstabensuppe,
schön wässrig, wie von der Regierungstruppe.

Nein, das alles hab ich nicht vermocht,
und hab ein schlichtes Schwarzbrot gekocht,

d.h. gebacken, auf mittlerer Schiene bei 200 Grad
und hoff, dass das Ganze auch was Nahrhaftes hat.

Nahrhaft, das ist ja das Problem.
Man muss nur mal zu Mac Donalds gehen,

ich schätze mal so fünf, sechs Wochen
und solange nicht selber kochen,

dann merkt selbst das dünnste Hemd,
dass der Hosenbund schnell klemmt,

und selbst wer fit ist und gesund,
wird rasend fett und kugelrund.

In den Wilhelm Busch Geschichten
tut dann der Wilhelm immer dichten.

Und die Moral von der Geschicht' :
Glaub doch der ganzen Werbung nicht!

Denn manches gilt als toll – total,
ist in Wahrheit aber schal.

And'res gilt als unerreicht
und ist im Tiefgang doch eher seicht.

Ein drittes, sagt man , sei sehr innovativ,

und mit etwas Erfolg läuft dann doch alles schief.

So wird heut reichlich angehimmelt,
was vermutlich morgen schimmelt.

Andererseits wird vieles mies gemacht
und angenörgelt und verlacht,

wozu, was mich tatsächlich quält
auch Gottesdienst und Andacht zählt.

Da sagen viele: vielen Dank,
ab auf die Reservebank!

Dafür hab ich keine Zeit.
Ich brauch Geld und Heiterkeit.

Bibel, Psalmen und auch beten
ist meist im Alltag abgetreten;

was Schwarzbrot für die Seele wär,
zieht man für sich aus dem Verkehr!

Eben das, was gut tun würde
gäb's da nicht die dumme Hürde,

die die Meinungsmacher machen,
indem sie grinsend ständig lachen

und ungeniert die Gier anfachen
für andrerseits ganz blöde Sachen,

die kaum gute Qualität besitzen,
aber schön auf Fotos blitzen.

Schlau und Weise, so will ich mal sagen,
sind deshalb die, die weiter fragen,

und nicht durchblickslos und ahnungsblind
wie einst in Hamelns jedes Kind,

jedem Rattenfänger gleich entgegenlaufen
weil's heißt, da gäb' es Glück zu kaufen.

Ein zweiter Blick ist gut und wichtig,
denn nicht nur für Physik ist richtig

was Albert Einstein einstmals rief:
unsre Welt ist relativ.

Was glänzend auf dem Bildschirm flimmert
ist inhaltlich doch recht verkümmert.

Wer daher kommt stolz wie ein Pfau,
ist oft auch nur ein(e arme Sau) armes Hauschwein.

Und nicht alles ist wirklich in Wahrheit ein Schnäppchen,

auch wenn der Preis auf dem Preisstufentreppchen,

im untersten Segment rangiert,
denn erst daheim hat man kapiert:

Man hat gekauft, weil's billig ist
und dieser Kauf war großer Mist.

Denn das Gekaufte lag - man darf's kaum sagen -
schon 15 Mal im Einkaufswagen.

Das hatte man, vom Einkaufsbeutewahn besessen,
von heute auf morgen schlicht vergessen.

Und so lernt man mit der Zeit,
Geiz ist keine Sparsamkeit.

Doch bis dahin kann es einem so gehen,
und das Billige kommt einen teuer zu stehen.

Und vieles, wie gesagt, ist relativ:
manchmal ist das Gerade schief;

Gold ist nicht wertvoll sondern schwer,
Gehaltvolles in Wahrheit leer.

Und vieles Große im Scheinwerferschein,
ist tatsächlich und wirklich relativ klein.

Und wo manche glauben, da sei nichts los,
ist kaum spürbar segnende Liebe ganz groß:

Der Riese ist plötzlich klein wie ein Zwerg.
Der als schmächtig Verlachte versetzt einen Berg.

Von einem solchen will ich euch jetzt berichten,
Natürlich stammt der aus den Bibelgeschichten

(Die sind natürlich alt, und mancher denkt schnell,
weil sie alt sind, sind sie nicht aktuell,

die haben keinen Kick und sind ehr so Krempel,
was trendy ist trägt einen anderen Stempel.

Doch auch hier einen Gruß von unserm Einstein,
denn in Wahrheit könnt es auch andersrum sein.)

Denn selbst heute ,wo Raketen rasen
und Autos auf den Autostraßen,

wo auf dem Mond schon Flaggen stehen,
und Sonden um die Erde gehen,

damit der GPS gestützte Mann
auch wirklich Auto fahren kann

und so geschwind sein Ziel erreicht,

dass selbst ein ICE erbleicht.

Wo man Atomkraftwerke baut
und den Genen Infos klaut,

wo Forscher vor Ekstase stöhnen
und sich selbst zum Heiland krönen,

und längst der Masse schönste Religion
gefeiert wird im Fußballstadion,

selbst heute ist dieses Buch, die Bibel
immer noch des Lebens feinste Fibel.

Und wenn ein Name sie wirklich trifft
dann ist es der Name **heilige** Schrift.

Doch nun zu dem, was in ihr steht
und wie's mit der Geschichte geht:

Das Ganze ist schon lange her,
3000 Jahre sind das ungefähr.

Doch auch die Zeit ist relativ,
d.h. auch damals lief,
so wie heute, manches schief.

Es war Krieg in einem kleinen Land,

das ist als Israel bekannt.

Auf jeweils etwas höheren Lagen
hatten die Gegner ihr Lager aufgeschlagen.

Also von ganz oben auf einem Berg
sah man gegenüber, so klein wie ein Zwerg,

den Feind, auf seinem Hügel stehen,
der konnte seinen Feind dann ebenfalls sehen.

Der eine Feind, das waren die Philister,
für diese waren die Israeliten die Biester.

Doch die Philister waren grad nicht die Guten
gerade deshalb sollten sie ja bluten,

denn sie hatten in Israel Land besetzt
und damit das Land in den Krieg gehetzt.

So stand man zunächst und schaute eine Weil,
und spitzte die Speere mit Raspel und Feile.

Bis an die Zähne mit Waffen gerüstet
haben sich beidseits die Krieger gebrüstet.

Doch man staunt und kann es kaum fassen:
Den Kampf haben beide zunächst mal gelassen.

Der Grund dafür ist ganz schnell vorgestellt,
die Philister hatten einen Riesen als Held.

Einen antiken Terminator, so könnte man sagen,
Muskeln vom der Fußzeh‘ bis an den Kragen.

Um Köpfe größer war dieser riesige Mann,
und keiner hatte den Mut und traute sich dran.

Wer ihn sah, den packte Furcht in riesigen Wellen,
denn der Mann war größer als sechs ganze Ellen.

Das sind so. 2,70 m nach heutigem Maß
Da wirst du aber erst mal vor Angstschweiß ganz nass.

So ging es auch Saul, Israels König,
der war zwar mutig und davon nicht wenig,

und er war ebenfalls von stattlicher Gestalt,
aber ein nichts gegen diesen Berg an Gewalt.

Dessen Name wurde dann auch bald bekannt.
Er hieß Goliath, so wird er bis heute genannt.

Jeden Tag nun tat der Riese sein Werk
und erschien am Morgen auf dem Heerlagerberg,

und verhöhnte die Israeliten mit lautem Schreien,

dass sie allesamt Memmen und Feiglinge seien.

Weicheier so würde man heute wohl sagen,
und morgen würde er kommen und alle erschlagen.

Doch am nächsten Tag war’s wie zuvor
Und Goliath brüllte wie ein Chor,

ob zu kämpfen endlich einer käme
und ob man sich nicht langsam schäme,

sie seien alle Mann nur peinlich,
doch er selber sei nicht kleinlich,

und für Feiglinge gäb er Rabatt,
er mächt auch zwei auf einmal platt.

So ging das etwa vierzig Tage.
Die Stimmung ging auf Kellerlage

Denn jeden Tag ein bisschen mehr
Wuchs die Scham in Saul sei’m Heer.

Alle waren sehr geknickt
und fühlten sich gedemütigt.

Ihren Stolz verloren sie,
waren mutlos, wie noch nie.

Zur selben Zeit war - irgendwo auf einem Feld
ein Knabe, dort zur Wache hingestellt,

d.h. er saß in aller Ruh
und schaute einer Herde zu.

Viele Schafe gab's und andres Vieh,
und war das Eigentum von Isai.

Das war der Vater von dem Knaben,
dem sie einst den Namen David gaben.

David war das jüngste Kind von acht.
Den Eltern hat er viel Freude gemacht;

er war gesund und kräftig aufgeblüht,
gewitzt und freundlich im Gemüt,

so ca. 15 Jahre zu der Zeit
und zu jedem Schabernack bereit.

Ansonsten lag auf der Familie Schatten,
denn drei seiner Brüder die hatten

im Philisterkriege stramm zu stehen
und mussten zu Saul ins Heerlager gehen.

Dort war, wie gesagt, die Stimmung schlecht

und auch die Verpflegung war nicht so recht,

woraufhin Isai seinen David rief
damit dieser in das Heerlager lief,

um seinen Brüdern mit leckeren Sachen,
mit Brot und Käse eine Freude zu machen.

Dazu gab es für jeden Soldaten
von der Mutter noch ein schönes Stück Braten.

David war natürlich Flamme und Feuer
und begeistert von solch einem Abenteuer

Er lief und rannte so schnell es ging,
manchmal fiel er dann auch hin,

doch daraus hat er sich gar nichts gemacht,
denn in der Ferne, sah er, waren zur Schlacht

schon die Krieger mutig aufgestellt.
Dann wurde noch mal durchgezählt,

dann wollte man rennen, runter ins Tal,
und dann ohne Rücksicht und völlig brutal

mit einem Schlag den Gegner vernichten,
doch darauf musste man wieder verzichten.

Denn wieder trat Goliath stampfend hervor,
dass jedem das Blut in den Adern gefror.

Er fordert grölend, sie sollen einen schicken,
dem würd er mit Freuden die Knochen durch knicken.

Doch keiner fand sich und das war die Miesere,
denn das geboten die Tradition und die Ehre:

Ein Zweikampf ging vor, das musste so sein
und keinen Kämpfer zu haben, war eine höllische Pein.

Nun wollte Saul auch gar nichts befehlen,
und keinen mit Zwang in den Kampf hinein quälen.

Er traute sich nicht, worum wohl? – ja weil
ein solcher Befehl wär' ein Todesurteil?

Stattdessen hat er dann Silber und Gold
reichlich aus seinem Staatsschatz geholt,

und jedem als Belohnung zugesagt,
der sich in diesen Zweikampf wagt.

Doch nichts geschah, wie schon seit Wochen,
da hat Saul als Braut noch seine Tochter versprochen.

Und mitten in der größten Ratlosigkeit

Sagt der David auf einmal: „ Ja, ich bin bereit!“

Sein Bruder glaubte nicht richtig zu hören
Und meint: im Kopf tät wohl mächtig was stören!

Dem König hat das auch nicht geschmeckt,
und die Krieger haben die Hälse gereckt.

Doch in der allergrößten Not
isst man auch ohne Wurst das Brot,

und so hat Saul recht tief beklommen
das kindliche Ansinnen doch angenommen.

Dabei war natürlich jedem glasklar,
dass das der reinste Wahnsinn war.

Nur David hat sich ein Liedchen geflötet,
und gemeint er hätte schon Löwen getötet,

was ihm natürlich keiner glauben wollte.
Währenddessen der König seine Rüstung holte,

als Verzweiflungsakt, so muss man wohl sagen,
hat er diese dem David als Schutz angetragen.

Dann ging das Anschnallen und Einkleiden los,
doch am Ende war alles fünf Nummern zu groß.

Umgekehrt also war David viel zu klein,
und dann ließ er das mit der Rüstung auch sein.

Er nahm Stab und Schleuder, ging zu 'nem Bach,
nahm sich fünf Steine schön glatt und recht flach.

Dann ging alles recht schnell und recht flott:
Goliath trat auf mit dem üblichen Spott

und glaubte, er könne den Augen nicht trauen,
schrie rum, man würde den Spaß ihm versauen.

Er sei doch kein Hund und was das da denn wär',
jetzt schickten sie zum Kämpfen die Kinder schon her.

Dann hat er laut dem David gedroht,
der sei sowieso so gut schon wie tot.

An Vögel und Viecher würd' er ihn verfüttern
und damit Israels Ehre endgültig erschüttern.

David blieb konzentriert und ruhig stehen
Und sagt: „Dir wird es selber so gehen"!

Und dann dauerte es noch so eine Sekunde
und Goliath hatte 'ne riesige Wunde

mitten in der Stirn und richtig tief,

aus der so richtig rotes Blut heraus lief.

Wie ein Geschoss kam nämlich der Stein
aus Davids Schleuder und schlug effektiv ein.

Es ging so schnell und war kaum zu sehen.
Der Goliath konnte kaum nach mehr stehen.

Er schlägt auf die Erde, dass es mächtig staubt,
und das hatte nun wirklich keiner geglaubt.

Auch Kraft und Stärke ist eben relativ,
und für Goliath lief es halt relativ schief.

Die Israeliten, man brauch's kaum zu erwähnen
taten sich dann überhaupt nicht mehr schämen.

Und dann konnte sich vieles ganz günstig gestalten,
das ist bei Samuel im ersten Buch festgehalten;

Im 17. Kapitel – um genau zu sein,
wer Lust, hat schaut da einfach mal rein.

Meine Erzählung will ich hier jetzt beendet,
um den Blick noch einmal zu uns hin zu wendet.

Bei uns ist kein Krieg, welch himmlischer Segen
und duellieren, so mit Pistolen oder Degen,

ist verboten, gilt als Verbrechen und mies,
aber immer noch gibt es kein Paradies.

Mann gegen Mann, dieser Kampf ist antik,
jeder gegen jeden, so kämpft man heut um den Sieg.

Das Janusgesicht ist aktuell und beliebt
und früh übt man den Ellbogenhieb.

Man kämpft um Einfluss, Karrieren und Macht
und denkt, dass Glück nur dem Erfolgreichen lacht.

Und ganz oben auf dem allerhöchsten Thron
hockt immer der, mit der dicksten Million.

Der wird von vielen zugleich beneidet und verehrt.
Andere Millionen werden mit Harz VI geteert.

So ist das, in der modernen Welt.
Daneben hab ich jetzt David gestellt,

eine Geschichte, aus ganz alter Zeit
und trotzdem nicht aus der Vergangenheit.

Denn wir stehen immer noch im selben Wind,
d.h., nicht alle sind so, wie sie sind.

Alles ist eben relativ, alles könnte anders sein

und das Wirklichste ist der verlogene Schein.

Mit dieser Lehre hat man schnell kapiert:
Die Schönen sind nicht schön, sondern operiert,

Die mit Gold umkränzten an der Spitze
haben oft ein Abo auf die Dopingspritze.

Der sich politisch als den Schlausten benennt,
weil er wirklich jede Problemlösung kennt,

scheitert womöglich schon an der erstbesten Dose,
und beim Öffnen landet alles auf Anzug und Hose.

Und der Managerkönig für's kommende Jahr
mit dem genialen Personalkostensparetat

ist, wer weiß, nur der Steigbügelhalter
für den längst überfälligen Konkursverwalter.

Und so mancher Super – Giga Held,
vor dem die Jugend auf die Knie fällt,

ist zwar cool, doch auch nur einer,
der nichts kann, nur merkt's halt keiner.

So gibt es vieles, saftig aufgeblasen,
schön prall und mit gerümpften Nasen,

das ist schlicht nur: „Ballon mit Luft“,
die, wenn’s drauf ankommt, schlicht verpufft.

Etwas Zweites ist in der Geschichte geschehen,
das kann erfrischend bis in unsre Zeit wehen,

wie eine Melodie, ein Lied, ganz leise,
für unsere oft wechselhafte Lebensreise:

David ist sich selbst genug, mit dem, was er kann,
und das ist eigentlich etwas für jedermann.

Denn etwas kann jeder, vielleicht hübsch singen
Oder ihm tut handwerklich vieles gelingen,

andere können trösten und Wärme geben
wieder andere recht schwere Sachen heben.

Die eine kann gut rechnen oder gut schreiben
oder mit Lebensmut Enttäuschung vertreiben.

Ein nächster kann präzise Lenken,
ein anderer dafür die Knochen einrenken.

Eine kann gut malen, ein andrer tapezieren,
der nächste kräftig und heilsam massieren.

Einer kann komplizierte Probleme verstehen,

dafür kann ein anderer einkaufen gehen,

für jemand, der das nicht mehr kann,
und darauf kommt es doch genauso an.

Und so weiter, denn die Liste hat kein End'
denn irgendwie hat ein jeder sein Talent.

David hatte seins und sich darauf verlassen,
aber sich selber damit nicht allein gelassen.

Bei allem was er tat, egal wie der Wind weht,
er hat sich immer nach seinem Gott umgedreht.

Und so ist der Geschichte schönste Moral,
ehr sowas wie ein tanzender Choral,

aus ganz alter Zeit ein unverzichtbares Lied,
das folgenden Text durch unsre Lebenszeit zieht:

Achte dich selbst, und vertrau auf den Herrn
er hat dich gemacht und er hat dich gern.

Liebe dich selbst und lass den anderen nicht allein,
und lass dein Herz glauben: Gott will bei mir sein!

Nun hab ich einige Reime probiert
und viele Worte zu Versen sortiert.

Dem närrischen Orden, wie gesagt
wird damit keineswegs nachgejagt.

Aber weil Närrisches nun mal sein Wesen treibt
und ein Blick auf die Uhr sagt: Es ist auch noch Zeit,

will ich zum Schluss eine Art Witz hervorholen,
den hab ich, wie Herr Merz, einem andern gestohlen,

doch der andre sagt ganz unumwunden,
das sei Okay, er hät' ihn auch nur gefunden.

Bei mir gibt's den Witz halt jetzt nur im Reim,
und auch dabei geht es um Groß und um Klein.

Vor ein paar Jahren war die Trübsal recht stark,
denn zu Ende ging es mit der deutschen D – Mark.

Ihr Sterben war politischer Wille,
so wurde sie beigesetzt in aller Stille.

Danach hat sich dann das ganze schöne Geld
vor Petrus seinem Tor im Himmel aufgestellt.

Ganz vorne stand der Pfennig in der Reih,
Dann kam sein großer Bruder, also ein Pfennig mal zwei,

dann der Fünfer, dann der Groschen, der treue Kamerad,

den jede Kinderhand mal gern gehabt hat.

Schlank und als erstes mit Silber umwunden
haben sich dann die fünfzig Pfennig eingefunden.

Und dann kam stolz und immer noch stark,
des Deutschen Stolz, die deutsche Mark.

Danach sah man die Zwei - und die Fünfmarkstücke,
und dann kamen auch schon ohne jede Lücke

die Scheine, von klein bis ganz groß,
und dann ging der Marsch recht zügig los.

Petrus hatte das Schloss aufgeschlossen
und dann die Flügel der Tür aufgestoßen.

Viele Engel kamen neugierig herbei
und riefen, dass jeder willkommen sei.

Manche meinten erstaunt und gebannt:
man sei wohl sehr reich in diesem Deutschland.

Denn das Ende der Karawane war für keinen zu sehen,
d.h., man würde noch eine ganze Zeit stehen.

Alles lief ab ohne Komplikationen
beim Einzug unsrer Deutschen Millionen.

Doch plötzlich hat es durchdringend geschallt,
denn Petrus hatte das Tor zugeknallt.

Als letzter durfte in den Himmel hinein
der ganz hinterste und letzte Fünfzigmarkschein.

Der erste hunderter, der hinter ihm stand,
stand jetzt vor dem Tor, das er geschlossen fand.

Sofort ging es los, Protest wurde laut:
Unverschämt, wer hat die Tür zugehaut?

Sei man denn blind, würde man denn nicht sehn,
hier würden doch sie, die Hunderte stehen.

Jetzt käm' doch erst wirklich das wahre Geld,
erst ab hundert sei man ökonomisch ein Held.

Mit uns konnte man – ja das waren Zeiten,
früher das öffnen jeder Tür vorbereiten.

Jetzt tut man uns den Eingang verwehren.
Dagegen werden wir uns ganz oben beschweren.

Petrus kam dann doch noch mal raus
und meinte: die Sache die säh' jetzt so aus:

Sie sollten mal das Meckern lassen

und sich an ihre Nase fassen,

denn er, Petrus, habe sie nie in einer Kirche gesehen,
und deshalb würden sie jetzt draußen stehen,

So wird über einen, der hier den Molli macht -
wer weiß - im Himmel längst schon gelacht.

Denn alles ist eben relativ.
Das Lange ist kurz,
das Gerade ist schief,
das Grobe manchmal fein
und die Letzten werden die Ersten sein. Amen!

Und der Friede Gottes, der höher ist als alle Vernunft bewahre unser Leben in alle Zukunft und dann hinaus über alle Zeit in Jesus Christus in Ewigkeit. Amen!

Man muss die Geister scheiden

Predigt über 4. Mose 21, 4-9 02.04.2006, Judika,

Da brachen sie auf von dem Berge Hor in Richtung auf das Schilfmeer, um das Land der Edomiter zu umgehen. Und das Volk wurde verdrossen auf dem Wege und redete wider Gott und wider Mose: Warum hast du uns aus Ägypten geführt, daß wir sterben in der Wüste? Denn es ist kein Brot noch Wasser hier, und uns ekelt vor dieser mageren Speise.

Da sandte der HERR feurige Schlangen unter das Volk; die bissen das Volk, daß viele aus Israel starben.

Da kamen sie zu Mose und sprachen: Wir haben gesündigt, daß wir wider den HERRN und wider dich geredet haben. Bitte den HERRN, daß er die Schlangen von uns nehme. Und Mose bat für das Volk.

Da sprach der HERR zu Mose: Mache dir eine eherne Schlange und richte sie an einer Stange hoch auf. Wer gebissen ist und sieht sie an, der soll leben.

Da machte Mose eine eherne Schlange und richtete sie hoch auf. Und wenn jemanden eine Schlange biß, so sah er die eherne Schlange an und blieb leben.

4. Mose 21, 4-9

Liebe Gemeinde!

Diese Geschichte von den Schlangen und dem Gift, das Leben zerstört, ist nicht gerade leichte Kost. Man begegnet in dem Text nicht dem lieben Gott. Man begegnet einem, der zornig ist und auch enttäuscht. Er lässt es nicht einfach auf sich beruhen, wenn man ihn wegwerfen will, wie einen alten Handschuh, um sich dann womöglich einen anderen Gott zu suchen und einen anderen Anführer. Aber soweit war es damals fast.

Das Volk beginnt zu murren. Es ist unzufrieden, in der Hauptsache unzufrieden mit der wirtschaftlichen und ökonomischen Lage. Sie beklagen sich, sie mäkeln rum, und sie machen auch ganz schnell einen Schuldigen aus, bzw. zwei, nämlich Moses und Gott, wobei es wahrscheinlich egal ist, ob einer oder zwei, Hauptsache, ein Schuldiger lässt sich finden.
Ein wenig und von Ferne erinnert diese alte Begebenheit sogar an heute, zumindest in diesem Aspekt. Auch heute ist die Unzufriedenheit groß. Nichts ist so gut, dass es nicht schlecht geredet werden könnte. Und die Suche nach Schuldigen und Verantwortlichen hat sich nahezu verselbständigt, d.h. es macht gar nichts, wenn es mal den Falschen trifft, Hauptsache, man hat einen.

Was dahinter steckt? In der biblischen Geschichte ist es ganz klar – und heute vielleicht genauso - es hat zu tun mit Vertrauen. Das Volk vertraut nicht mehr darauf, dass die Geschichte, die Gott mit ihnen begonnen hat, zu einem guten Ende kommen wird. Sie verlieren ihr Gottvertrauen und ihr Vertrauen in Moses kurz vor dem Zieleinlauf. Das gelobte Land ist nämlich gar nicht mehr weit. Aber da muss es noch einmal ein großes Aufbegehren, ein großes Misstrauensvotum gegen Gott.

Das ist nichts Neues. Durch all die Jahre in der Wüste zieht sich wie ein roter Faden immer wieder dieses Misstrauen gegen Gott und die Versuche, Moses zu verdrängen. Das bekannteste Ereignis dieser Güte ist die Geschichte vom Goldenen Kalb, in der sich die Gott Misstrauenden durch ein selbstgemachtes Götzenbild versuchen, Gefolgschaft zu motivieren. Und es gab noch eine Reihe anderer Versuche genau in diese Richtung.

Natürlich sind Entbehrungen nicht leicht zu ertragen und lieber heute als morgen möchte man sie abschütteln. Aber immerhin ging es um Reformen, d.h. recht eigentlich, um Veränderungen, die ein besseres Leben ermöglichen. Für die Israeliten

bedeutete dies ein Leben in Freiheit und Selbstbestimmung und nicht mehr in der Sklaverei. Aber Veränderungsgeschehen sind oft schmerzhaft. Das war dem Volk zuviel. Sie forderten Moses auf, er solle die Zeit zurückdrehen. Es sollte wieder so sein, wie es in Ägypten war. Das war eine radikale Absage an Gott. Denn Gott war kein Gott der Sklaverei und Knechtschaft, sondern der Freiheit. Aber der Weg dahin war lang und die Atmosphäre im Volk war häufig vergiftet. Dafür stehen die Schlangen in der Geschichte. Die Stimmung war vergiftet durch Misstrauen, Missgunst und Vorurteile. Viele sind dadurch zu Schaden gekommen.
Dieser Schaden wurde im Nachhinein verstanden als Strafe Gottes. Man kennt etwas Ähnliches heute noch. Wenn einem, der etwas zu dreist war, ein kleines Unglück zustößt und dann wird heute noch schnell kommentiert: Kleine Sünden bestraft Gott sofort.

Vordergründig erscheint Gott als der strafende Zuchtmeister. Diese Vorstellung ist durchaus gefährlich. Sie wurde in vielen Phasen der Geschichte dazu benutzt, um den Menschen Angst und sie mittels dieser Angst gefügig zu machen. Ein großer Glaubender hat damit aufgeräumt und zu seiner Zeit und mit langer Nachwirkung das Gesicht der Welt verändert: Martin Luther. Er hat erkannt, dass Gott etwas ganz anders will, als den Menschen Angst zu machen, und dass er ihnen nicht mit Urteilssprüchen, sondern mit Gnade und Barmherzigkeit begegnet. Gleichwohl hat Luther aber auch betont, dass man mit Gott nicht Spielchen spielen darf, auch nicht das Spiel der Gleichgültigkeit und Geringschätzung, oder Überheblichkeit, denn dadurch schadet man sich selbst. Anders gesagt: Sich Gott, seine Gebote und Weisungen egal sein zu lassen, das dient nicht den eigenen Interessen. Es könnte dazu führen, dass das Leben vergiftet wird.
Diese alte Geschichte von Moses und dem Volk und den Schlangen - sie berührt das Leben mit der Frage, ob wir Menschen nicht selber, indem wir uns Gottes Weisung und Gebot egal sein lassen, das Klima des Zusammenlebens vergiften. Damit macht

man es sich selber schwer und schwerer, als es sein müsste, Zuversicht in die Zukunft zu schauen. Diese Frage ist sehr aktuell, oder anders gesagt, eine gottabgewandte Mentalität ist vielleicht sogar eine Strafe in sich selbst.

Ich möchte einen Bereich unseres Zusammenlebens und Gemeinwesens benennen, auf den das durchaus zutreffen könnte. Es ist durchaus heute noch möglich nämlich, dass man sich selber Schaden zufügt und selber gewaltig daran arbeitet, die Tür zur Zukunft zu zuschmeißen. Der Grund dafür ist damals wie heute sehr ähnlich, man geht auf Abstand zu Gott.
Den Bereich, den ich meine, das sind Kinder und die Weisung Gottes, die ich meine ist der schlichte Satz: **Seid fruchtbar und mehret euch!**

Das ist kein Gesetz und man darf es um Himmels Willen nicht als Gesetz verstehen. Es ist eine ermutigende Aufforderung Gottes ungefähr in dem Sinn: Tut es einfach, vertraut mir, verlasst euch darauf; ich habe Ahnung vom Leben! Tut es einfach, es ist nie zu eurem Schaden, denn ihr seid Menschen und keine Sachen! Ihr lebt nie, ohne eine Zukunft zu haben. Um die nicht zu verdunkeln, vertraut mir einfach, es ist ein Segen: Seid fruchtbar und mehret euch!
In diesem Sinn also könne man den Satz Verstehen, als eine ermutigende Aufforderung und Weisung Gottes, relativ schlicht und einfach gehalten.

Und wir, damit meine ich die Menschen in unserem Land, wir tun uns schwer damit. So schwer, dass die gröbsten Pessimisten schon davon reden, dass die Deutschen aussterben. Das Nachdenken über mehr und zukünftige Kinder ist nicht geprägt von Freude über sie und Sehnsucht nach ihnen, sondern von der Sorge um die Rentenkassen.

Seid fruchtbar und mehret euch – das ist kein Bibelsatz in üblich vermuteter

Frömmelei. Es ist eine sehr lebensdienliche Weisung. Gut beraten ist, wer sich einfach danach richtet und schlecht beraten, wer das ignoriert.

Seid fruchtbar und mehret euch – gerade das geschieht in bedenklichem Ausmaß nicht. Vieles andere ist für die Lebensplanung wichtiger.

Es werden reichlich Gründe genannt, warum das so ist. Man hört vom einseitigen Karriere- und Konsumhunger der jungen Erwachsenen. Man hört von nur noch auf die eigene Person bezogenem Egoismus, oder, so heißt es, die Emanzipation der Frau und ihr Wunsch nach Berufstätigkeit sei Schuld.

An allem ist wahrscheinlich etwas dran, und natürlich gilt auch immer das Gegenteil.

Ich möchte ein kleines Gedankenexperiment vorstellen, angelehnt an einige Überlegungen, die die Germanistin Susanne Gaschke in ihrem Buch „Die Erziehungskatastrophe“ dargestellt hat [5]. Das dort Beschriebene habe ich, wie gesagt, für ein Gedankenexperiment genutzt, das zugegebener maßen wirklich aus der Luft gegriffen ist. Es ist eine reine Phantasie, und die besteht in der Behauptung: Es sind die Kinder selber, die keine Lust mehr haben auf Land und Leute und auf die modernen Zeiten, denn *„Kinder sind lauter kleine Konservative“, und am liebsten haben sie es so: „hier die Mama, da der Papa, auf dem Tisch Spaghetti und mittendrin ich!* [6].

Aber was die Kinder wirklich erwartet, sind zerbrechende Familien. Was sie erwartet ist Zeitmangel der Erwachsenen, sind Überforderungs-u. Vernachlässigungserfahrungen in Familien und Schulen. Und was sie erwartet ist ein allgegenwärtiger Konsumterror.

Vielleicht haben die Kinder selber keine Lust mehr, auf immer älter werdende Eltern und damit natürlich auch immer ältere Großeltern, die mit 75 eben nicht mehr so Oma und Opa sein können, wie mit 65. Vielleicht haben sie keine Lust mehr auf die Lebensabschnittspartnerschaften ihrer Eltern, die nur für gewisse Zeit Geborgenheit geben. Vielleicht haben sie keine Lust mehr auf einen Weg ins Leben, der im einen Extrem geprägt ist von sträflicher Vernachlässigung und auf der anderen Seite von überbehütenden Bildungsüberforderungen. Vielleicht haben sie immer noch Lust, im Kindergarten nur zu spielen und nicht schon dort auf fremdsprachlichen Unterricht getrimmt zu werden, z. B. Englisch, bevor sie den ersten muttersprachlichen Unterricht hatten [7]

Vielleicht haben sie keine Lust mehr auf eine Elterngeneration, der mittlerweile von vielen Gelehrten der Verhaltenssoziologie bescheinigt wird, dass sie selber nie erwachsen geworden sei. In ihrem Hunger nach immer noch besserem und neuerem Glück hat diese Generation die Fähigkeit zur Beständigkeit verloren, damit auch die Fähigkeit zu beständigen Beziehungen. Verzicht wird als Niederlage verbucht [8].Durch die Werbung wird diese Generation darauf getrimmt, auf immer fit und jugendlich zu erscheinen. Zu diesem Selbstbild passt es nicht gut, die für Erwachsene typische Verantwortung für Kinder zu übernehmen, Grenzen zu setzen, Vorschriften zu machen oder sich gar der Mühe zu unterziehen, die es braucht, um den Kindern das Essen mit Messer und Gabel beizubringen.

Vielleicht haben die Kinder keine Lust auf eine Gesellschaft, in der die Einsicht, dass Kinder wertvoll sind, etwas zu wörtlich genommen wird. Oft genug wird ja in Talkrunden und anderswo geredet und gerechnet, wie viel Geld die Erziehung und Ausbildung von Kindern kostet. Vielleicht wollen Kinder es gar nicht verstehen, was es heißt, Zeit ist Geld, weshalb manche befürchten, schon im Kindergarten könnten Karrierechancen verspielt werden. Das ist wohl nicht das Spiel, das einer Kinderseele gut tut.

Und vielleicht haben sie keine Lust mehr auf einen Konsumterror, der sie dazu zwingt indem er verführt, wie Erwachsene zu leben. Dann sollen sie mit sechs Jahren

Discopartys toll zu finden. Sie können mit Handys hantieren, die den Ansprüchen jedes Topmanagers genügen würden. Es gilt Unterwäsche zu tragen die eindeutigen Damendessous nachempfunden ist [9]. Siesitzen stundenlang am Fernsehen oder am Computer und sind im Internet unterwegs, um sich eine Welt zu erschließen, die virtuell ist, mit anderen Worten, die es gar nicht gibt [10]. Damit verantwortlich und sinnvoll um zu gehen ist selbst für manchen Erwachsenen eine Gradwanderung.
Und Kindergeburtstage zu immer pompöseren Karnevalsveranstaltungen zu machen, buntspektakelich, kann auch überfordern.

Möglicherweise macht das alles Kindern sogar Spaß, denn irgendwie war das ja schon immer so, dass Kinder und Jugendliche davon träumten, älter zu sein als sie sind und mehr zu dürfen, als dem Alter gemäß ist. Es macht vielleicht Spaß und sie haben ihre Freude daran, aber kinderfreundlich ist es nicht.

Dass die Kinder aus diesen genannten Gründen keine Lust mehr haben auf Land und Leute, wie gesagt, das ist reine Phantasie. Es die Kehrseite der vielen Spekulationen darüber, warum junge Erwachsene sich so schwer tun mit Nachwuchs. Das ist kein verheißungsvolles Wort mehr, sondern es wird gedanklich verbunden mit Worten wie Hemmschuh und Entbehrung: „**Seid fruchtbar und mehret euch** ? Ja warum eigentlich? Und wenn überhaupt, dann später, wenn die Karriere steht!“

Dabei war noch nie soviel die Rede von Kinder- und Familienfreundlichkeit wie heute. Nur im Großen und Ganzen hinterlässt das einen Eindruck, wie jene Innenraum Spielplätze auf deutschen Großflughafen. Am Ende einer dieser endlos langen Förderbänder, da findet man diese Plätze da gibt es alles, Klettergerüst, Rutsche, ein Schwimmbecken voller Plastikbällchen zum Drinrumtoben und sogar Betreuungspersonal gibt es und jeder kann denken: Schau da, wie gut versorgt die Kinder sind [11].

Solche Spielplätze sind ein „herzzerreißendes Bild für den Umgang, den unsere Gesellschaft mit Kindern pflegt: Er ist durchaus nicht unfreundlich“, aber dann doch nur eine an den Rand gedrängte Insel in einer Welt, die „mit den Belangen von Kindern rein gar nichts zu tun hat“ [12].

Am Ende unterscheidet sich dieser gesellschaftliche Umgang mit Kindern gar nicht so sehr von der alten Geschichte mit Moses und den Israeliten. In dieser war das Streben und Ringen um die Fleischtöpfe, oder eben der Tanz um das goldene Kalb, zweierlein, nämlich das, worum sich alles dreht und zugleich das, wodurch das Zusammenleben vergiftet wird. Dabei gerät ihnen etwas anderes völlig in Vergessenheit: Der Glaube an Gott. Glaube ist Vertrauen, aber eben kein blindes Vertrauen, das sich keine Sorgen macht. Dieses Vertrauen gibt es auch. Es sagt sich: Na ja, Gott wird's schon richten.
Gottvertrauen ist anders. Es ist Vertrauen darauf, dass seine Weisungen uns eine gute Hilfe sind, um zwischen Wichtigem und Unwichtigem, zwischen Lebensdienlichem und Lebensfeindlichem zu unterscheiden.

In der Geschichte verschwindet das Gift nicht einfach, d.h. die Schlangen werden nicht einfach wieder weggenommen. Es wird ein Zeichen errichtet. Zu dem muss man sich umdrehen, darauf muss man schauen, und allein schon dadurch wird das Leben bewahrt und beginnt eine neue Zukunft. Da ist erst mal keine Tat, keine Strategie, kein Plan, sondern nur Vertrauen auf die Zeichen und Worte Gottes.
Für uns Christen ist es nicht mehr die Schlange des Moses. Im Johannesevangelium wird dieses Zeichen abgelöst und gesagt, so wie damals die Israeliten auf die Schlange schauten, um Leben zu haben, so sollen wir jetzt auf Christus schauen, den Gekreuzigten. An ihm ist zu sehen, dass Gott es gut mit uns meint. Und er meint es nicht nur gut mit uns, er versteht auch etwas vom Leben. Wie sollte er auch nicht, als Schöpfer? Bezüglich des Lebens sind seine Weisungen heute

noch eine grundlegende Hilfe. Sie sind geeignet, um die Geister zu scheiden, zwischen dem – wie gesagt, was dem Leben dient und was ihm schadet. Der Satz **Seid fruchtbar und mehret euch**, ist dabei nur einer von ziemlich vielen, die unserem Leben gut tun.

Gott meint es gut mit uns. Das ich glaube. Ein solcher Glaubenssatz ist heute kaum zu vermitteln und eingängig zu machen. Vielen Menschen ist das egal und das ist eine ernste Angelegenheit. Denn der tiefste Grund dafür ist nicht Gleichgültigkeit, sondern Angst. Es geht um die Ängstlichkeit eines Lebens, das sich nicht mehr gehalten weise und dann auch Probleme damit hat, das Leben an Kinder weiter zu geben und sie auf dem Arm zu halten. Der Kampf um und die Sehnsucht nach Geld, der Ruf nach den Fleischtöpfen, der Tanz ums goldene Kalb, ist in vielen Fällen doch gar nichts anderes, als der Versuch, Angst in de Griff zu bekommen. Man will sich von ihr frei kaufen, und es klappt nicht. Oft wird es nur noch schlimmer, weil das Leben so nicht ist. Sondern das Leben hat seine Kraft aus Glaube, Hoffnung und Liebe, die in uns selbst ist, weil Gott sie hineingetan hat.
Daraus zu leben, das ist der Weg, den Jesus gezeigt hat, aus der Kraft von Glaube, Hoffnung und Liebe. Und das geht nie, wie von selbst. Es bedarf der offenen Mitmenschlichkeit und ohne Gebet wird es auch nicht gehen. Zu beidem gebe Gott uns Geduld und auch, dass es uns Freude macht.

Und sein Friede, der höher ist als alle Vernunft, der bewahre unsere Herzen und Sinne in Jesus Christus. Amen!

Leistung und Liebe

Predigt über Lukas 15, 11-32 21.11.2007, Buß- u. Bettag

Liebe Gemeinde!

Der Buß- und Bettag, seit Jahren ist er ein Feiertag ohne Feiertagsglanz. Die Möglichkeit zur Besinnung zu kommen, wofür Feiertage ja mal gedacht waren, neben Erholung und Entspannung, die Möglichkeit also, zur Besinnung zu kommen, ist abgewertet worden. Der Feiertagsstatus wurde gestrichen, grob gesagt, um den Wirtschaftsstandortes Deutschland aufzuwerten. Man brauchte mehr Geld in den Kassen, weshalb mehr gearbeitet werden musste. Das gilt gemeinhin als Königsweg in die Zukunft.
Dabei hatte der Buß- u. Bettag von früher her genau diesen Sinn, nämlich: um einer guten Zukunft willen, nach Fehlentwicklungen zu Fragen, die sich eingeschlichen hatten. Das war nicht nur gedacht für den privaten Bereich, wo dann auch mal von Sünde geredet werden muss, sondern auch für den öffentlichen Bereich, sozusagen für das Ganze. Was ist nicht richtig mit Land und Leuten, was muss geändert, muss verbessert werden, um einer guten Zukunft willen? Das war das Thema dieses Feiertages.

Die Geschichte einer Fehlentwicklung möchte ich jetzt vorlesen. Sie ist der Predigttext für heute aus dem Lukasevangelium, Kapitel 15,11-32: Die Geschichte einer Fehlentwicklung -mit dann doch gutem Ende.

Und er sprach: Ein Mensch hatte zwei Söhne.
Und der jüngere von ihnen sprach zu dem Vater: Gib mir, Vater, das Erbteil, das mir zusteht. Und er teilte Hab und Gut unter sie.

Und nicht lange danach sammelte der jüngere Sohn alles zusammen und zog in ein fernes Land; und dort brachte er sein Erbteil durch mit Prassen.
Als er nun all das Seine verbraucht hatte, kam eine große Hungersnot über jenes Land, und er fing an zu darben
und ging hin und hängte sich an einen Bürger jenes Landes; der schickte ihn auf seinen Acker, die Säue zu hüten.
Und er begehrte, seinen Bauch zu füllen mit den Schoten, die die Säue fraßen; und niemand gab sie ihm.
Da ging er in sich und sprach: Wie viele Tagelöhner hat mein Vater, die Brot in Fülle haben, und ich verderbe hier im Hunger!
Ich will mich aufmachen und zu meinem Vater gehen und zu ihm sagen: Vater, ich habe gesündigt gegen den Himmel und vor dir.
Ich bin hinfort nicht mehr wert, daß ich dein Sohn heiße; mache mich zu einem deiner Tagelöhner!
Und er machte sich auf und kam zu seinem Vater. Als er aber noch weit entfernt war, sah ihn sein Vater, und es jammerte ihn; er lief und fiel ihm um den Hals und küsste ihn.
Der Sohn aber sprach zu ihm: Vater, ich habe gesündigt gegen den Himmel und vor dir; ich bin hinfort nicht mehr wert, dass ich dein Sohn heiße.
Aber der Vater sprach zu seinen Knechten: Bringt schnell das beste Gewand her und zieht es ihm an und gebt ihm einen Ring an seine Hand und Schuhe an seine Füße und bringt das gemästete Kalb und schlachtet's; lasst uns essen und fröhlich sein!
Denn dieser mein Sohn war tot und ist wieder lebendig geworden; er war verloren und ist gefunden worden. Und sie fingen an, fröhlich zu sein.
Aber der ältere Sohn war auf dem Feld. Und als er nahe zum Hause kam, hörte er Singen und Tanzen und rief zu sich einen der Knechte, und fragte, was das wäre.

Der aber sagte ihm: Dein Bruder ist gekommen, und dein Vater hat das
gemästete Kalb geschlachtet, weil er ihn gesund wiederhat.
Da wurde er zornig und wollte nicht hineingehen. Da ging sein Vater heraus und
bat ihn.
Er antwortete aber und sprach zu seinem Vater: Siehe, so viele Jahre diene ich
dir und habe dein Gebot noch nie übertreten, und du hast mir nie einen Bock
gegeben, dass ich mit meinen Freunden fröhlich gewesen wäre.
Nun aber, da dieser dein Sohn gekommen ist, der dein Hab und Gut mit Huren
verprasst hat, hast du ihm das gemästete Kalb geschlachtet.
31 Er aber sprach zu ihm: Mein Sohn, du bist allezeit bei mir, und alles, was
mein ist, das ist dein.
Du solltest aber fröhlich und guten Mutes sein; denn dieser dein Bruder war tot
und ist wieder lebendig geworden, er war verloren und ist wiedergefunden.

Lukas 15, 11-32

„Er war tot und ist wieder lebendig geworden“ – was für ein Satz!
Und wie oft trifft er nicht zu mit Blick auf unsere Wirklichkeit und unsere jungen Leute. Da ist es nämlich nicht immer so, dass junge Frauen und Männer, einmal ins Abseits geschoben, da wieder heraus kommen und lebendig werden. Oft sind es die Jungens und die jungen männlichen Erwachsene mit und ohne Hauptschulabschluss, die sich als die Verlorenen und die Verlierer erleben. Schon in der fünften und sechsten Klasse bekommen sie beigebracht, dass sie die Loser sind. Sie haben keine Chance. Manchmal beginnt es auch schon früher, mit der Geburt. Die Kinder aus sozial schwachen Familien haben eine x-fach höhere Chance, keine Chance zu haben, als andere.
Zum Glück ist das nicht immer so. Manche erleben eine angemessene Förderung und können entdecken, dass das Leben einen Sinn hat, weil da jemand ist, der die Arme öffnet und sagt: „Ich bin für dich da, ich setze auf dich!“ Das passiert, es passiert hier

und da. Es passiert vereinzelt und viel zu wenig, dass diejenigen, die es am nötigsten brauchen, bedingungsloses Entgegenkommen erleben.

Das ist eine der Bewegungen, von der die biblische Geschichte erzählt: bedingungsloses Entgegenkommen. Es gibt eine zweite Bewegung, das ist die Kehrtwende. Beides gehört zusammen: Das In-sich-gehen des jungen Menschen, die Erkenntnis also, dass er so nicht weiter machen kann, und die offenen Arme des Vaters. Zu Hause eine Arbeitsmöglichkeit zu bekommen, die ihm das tägliche Brot sichert, das ist in seiner Vorstellung, in seiner Phantasie der erlösende Ausweg.

Der Vater hätte auch ganz anders reagieren können. Aber die üblichen Reaktionen bleiben aus. Da ist nichts zu hören von: „Wo hast du dich denn rumgetrieben? Hättest du mal auf mich gehört! Du bist doch selber schuld! Wo ist dein Erbe geblieben? Was hast du aus deinem Leben gemacht?"Nichts von alledem.
Wer könnte wohl heute noch so an sich halten. Wer als Vater oder Mutter, als Pädagoge, als Ausbilder als Personalverantwortlicher könnte heute so an sich halten? Wer ist schon gewillt, sich diesen Vater als Vorbild zu nehmen und von ihm her sich selbst kritisch zu hinterfragen? Das liegt nicht unbedingt auf der Hand.
Zu Jesu Zeiten war das nicht anders. Der orientalische Bauer, von dem Jesus im Gleichnis erzählt, der verstößt gegen jede Regel und Sitte seiner Zeit. Nicht dieser Bauer, sondern der Schweinezüchter war auf der Höhe der Zeit. Er reagiert vollkommen normal nach dem Motto: Wer nicht arbeitet soll nicht essen! Und ebenso galt damals schon: Wer nicht hören will muss fühlen. Dagegen steht das Gleichnis Jesu und es war durchaus anstößig.

Aber erst dadurch wird es möglich, dass der junge Mensch erlebt und spürt: „Ich bin geliebt, trotz allem, was war. Ich bin geliebt, ohne Vorleistung. Ich bin geliebt, ohne dass von außen ein Druck aufgebaut oder Wohlverhalten abverlangt wurde. Der junge Mensch bekommt das Beste umsonst: Liebe!

Ich glaube, liebe Gemeinde, in unserer Zeit wissen viele junge Menschen schlicht nicht, dass es eine solche Liebe gibt. Sie haben diese Liebe nie erfahren, auch als kleines Kind nicht. Nie!
Anderes kennen sie umso besser: Überforderte Mütter und Väter, die mit sich selbst nicht klar kommen und vor deren Ausrasten sich die Kinder in Acht nehmen müssen. Oder sie kennen Mütter und Väter, die aus Zukunftsangst und Zukunftssorge Liebe entziehen, wenn die Leistung nicht stimmt. Und sie kennen Lehrerinnen und Lehrer, die selber allein gelassen sind und irgendwann soviel Druck aufgebaut haben, dass sie nur noch zynisch sein können. Dann kommen da nur noch so Sprüche wie: Dich kann man doch vergessen! Und Pädagogik kommt da nicht mehr.
Die Jugendlichen kennen auch Personalverantwortliche in Betrieben, die sowieso der Meinung sind, dass die Jugend zu schlecht gebildet ist. Die stehen dann auf dem Standpunkt: Bevor ich für dich auch nur einen Finger rühre, zeig mir erst mal was du kannst. Was? Du kannst nichts? Dann gibt's auch nichts!
Viele, die gerne etwas lernen würden, die brauchten mehr motivierte Ausbilder, vielleicht auch Sozialpädagogen und Jugendarbeiter. Die gibt es natürlich nicht, denn die kosten ja. Investiert wird nur dort, wo Profit absehbar ist – mit Risikobereitschaft ist da nicht viel los bei den Verantwortungsträgern.

Der Vater in der Geschichte ist ganz anders. Er lässt den Jungen auf dessen eigenen Wunsch hin gehen. Er formuliert keine Bedingungen. Er sagt nicht: Du bist noch zu jung, warte noch zwei Jahre; mach erst mal die Schule fertig! Nichts davon! Ich muss zugeben, mit soviel Freiheit und Bedingungslosigkeit habe ich persönlich meine Probleme. Junge Menschen brauchen Leitung und Rat, und auch solchen Rat, den sie verbindlich an zu nehmen haben. Aber irgendwann ist es trotzdem immer so weit, und das Leben auf eigenen Füßen muss in Gänze selbst verantwortet werden. Dazu gehören dann auch die Erfahrungen, die Folgen der eigenen Entscheidungen selber zu tragen.

In der Geschichte ging es schief und hier wird es dann dramatisch spannend. Denn es passiert etwas, das liegt weit außerhalb dessen, was heute normal ist. Es wird nicht von **Schuld** geredet. Heute ist es ja so eine Art Massensport, Schuld zu verschieben und zuzuweisen, um dann damit nichts mehr zu tun zu haben.
„Du hast es ja selbst so gewollt; war doch deine Entscheidung; hättest du mal früher auf mich gehört; du hast doch aus deinem Leben nichts gemacht, deine Chance nicht genutzt!" – soweit ein kleines Potpourri der Vorwurfslitanei

Von alledem gibt es nichts in der Geschichte. Keine Verurteilung, kein Alleinlassen trotz des zugegebenermaßen allein verursachten Problems. Er soll wieder Boden unter die Füße bekommen, er braucht Zuwendung, Stärkung, Nähe und vor allem das Gefühl: Ich kriege eine zweite Chance, gerade weil ich schon ziemlich abgesackt bin oder nie anders als unten war.

Die Schuldverschieber haben vielleicht Recht mit ihren Erklärungen. Was der Vater in der Geschichte zeigt, ist aber etwas anderes. Dem geht es darum, jemanden das Leben nicht verlieren zu lassen, bevor es richtig begonnen hat.
In unserer Wirklichkeit trifft das wohl besonders zu am Übergang von der Schule zum Beruf. Für manche freilich auch schon viel früher zu. Es gibt Kinder, die bekommen fast nie die Möglichkeit, ihre Fähigkeiten und Talente zu entdecken. Dieser Weg muss aber offen sein und bleiben, um Freude und Sinn im Leben zu erfahren und um zu fühlen, wofür zu leben sich lohnt.
Was junge Menschen brauchen und was letztlich alle, was Land und Leute brauchen, um einer gesunden Zukunft willen, was junge Menschen brauchen ist zuallererst ein aufrichtiges Interesse an jungen Menschen. Ihnen zu Ausbildung und Beruf und zu

einem sinnvollen Leben zu helfen, das müsste erstes und oberstes Prestigeobjekt sein. Solange allerdings die Prestigeobjekte der Volksvertreter und Kommunen daraus bestehen, U-Bahnen und Schwebebahnen zu bauen oder Bundesschauen von fragwürdiger Nützlichkeit zu veranstalten, und solange dafür sehr viel Geld in die Hand genommen wird, solange bleibt das mit dem aufrichtigen Interesse an jungen Menschen entwicklungsbedürftig.

Die jungen Menschen sind darauf angewiesen, dass sie Entgegenkommen erfahren und angenommen werden. Das braucht eine gemeinsame Bereitschaft sowohl der Eltern und Schulen, als auch der Politiker, der Unternehmer und der engagierten Bürgerschaft.

Zum Schluss noch einen Blick auf den älteren Sohn. Er tut sich schwer. Er ist sozusagen der Leistungsträger in der Geschichte. Er sorgt mit Fleiß und Beharrlichkeit für Wohlstand und Sicherheit. Er ist einer, der nicht über die Stränge schlägt oder nur seinen Spaß suchen würde. Er tut das, wovon letztlich alle etwas haben.

Es wundert mich gar nicht, dass er eifersüchtig und ärgerlich ist über soviel unverdiente Zuwendung, die der in seinen Augen nichtsnutzige Sohn bekommt. Das Festmahl stößt ihm im wahrsten Sinn des Wortes sauer auf.

Der Vater mutet ihm viel zu. Ohne Umdenken und Hinwendung zu neuem Denken wird das nicht gehen. Der Vater mutet ihm zu, was Jesus den fest im Leben Stehenden und in diesem Sinn Privilegierten seiner Zeit zugemutet hat. Es ist nichts anderes, als das, was Gott uns mit dem Geschenk unseres Lebens zumutet. Er erwartet von Anfang an, dass wir unseres Bruders Hüter sind. D.h., nur gemeinsam geht es und deshalb gibt es auch die Einladung an den Privilegierten mit dem Verlorenen gemeinsam zu feiern.

Das ist ein guter Anfang, um das zu erreichen, was Jesus mit dieser Geschichte wohl deutlich machen wollte und worauf es ankommt. Es kommt darauf an, eine Welt hinzubekommen, in der sich keiner selber verloren geben muss, in der keiner zurückgelassen wird, in der keiner aufgegeben wird. Selbst der, den man verloren glaubte, soll einen Ort findet können, an dem es über ihn heißt: er war verloren und ist wiedergefunden, er war tot und ist wieder lebendig geworden – Gott sei Dank! Und ohne Gott geht es nicht. Ich glaube nur im Vertrauen auf Gott, der so ist, wie der Vater in der Geschichte, finden wir in uns das, was wir brauchen im Umgang miteinander um einer guten Zukunft willen.

Und der Friede Gottes, der höher ist als alle Vernunft, bewahre unsere Herzen und Sinne in Jesus Christus. Amen!

Gut und Böse – Max und Moritz

Predigt über Römer 12, 17 – 21

06-15.06.2008, 4: Sonntag nach Trinitatis

Liebe Gemeinde!

Ist vielleicht jemand hier in der Kirche, der die Geschichte von Max und Moritz nicht kennt? Trauen sie sich ruhig, die Hand zu heben. Ich stelle fest, niemand! Alle kennen also die Geschichte von Max und Moritz. Sie ist ein gutes Stück deutschen Kulturgutes. In vielen Haushalten fehlt sie nicht und sie ist möglicherweise bei Alt und Jung nach wie vor sehr beliebt.

Zitate: *Ach, was muss man oft von bösen Kindern hören oder lesen! Wie zum Beispiel hier von diesen, welche Max und Moritz hießen; die, anstatt durch weise Lehren sich zum Guten zu bekehren, oftmals noch darüber lachten und sich heimlich lustig machten. – Ja, zur Übeltätigkeit, ja, dazu ist man bereit.*

[13]

Auszahlen tut sich die Übeltätigkeit natürlich nicht. Die zwei boshaften Kinder enden nach sieben bösen Streichen feingeschrotet und in Stücken als Tiernahrung.

Es ist eine Geschichte, der haftet sozusagen eine Unbedenklichkeitserklärung an, und wenn es, wie in diesem Fall, um wirklich hartnäckige Bosheit geht, dann gilt immer noch: auf n' groben Klotz gehört n' grober Keil und am Ende sind alle froh und rufen: *Gott sei Dank! Nun ist's vorbei mit der Übeltäterei!*[13]

Ich lade Sie jetzt ein, die Blickrichtung zu ändern, oder wie man so sagt, einen Perspektivwechsel vorzunehmen. Lassen Sie uns die zynisch, sadistische Weltsicht des Wilhelm Busch einmal außer acht. Und der Perspektivwechsel beginnt mit der

Behauptung: Die Geschichte von Max und Moritz ist eine zutiefst unchristliche Geschichte. Was ich damit meine werden, sie ganz leicht nachvollziehen können, wenn sie einen anderen Text gehört haben, den Predigttext für heute. Paulus hat ihn geschrieben. Er ist ein Teil aus seinem Brief an die Römer, im zwölften Kapitel, die Verse 17 bis 21:

Vergeltet niemandem Böses mit Bösem. Seid auf Gutes bedacht gegenüber jedermann.

Ist's möglich, soviel an euch liegt, so habt mit allen Menschen Frieden.

Rächt euch nicht selbst, meine Lieben, sondern gebt Raum dem Zorn Gottes; denn es steht geschrieben (5. Mose 32,35): »Die Rache ist mein; ich will vergelten, spricht der Herr.«

Vielmehr, „wenn deinen Feind hungert, gib ihm zu essen; dürstet ihn, gib ihm zu trinken. Wenn du das tust, so wirst du feurige Kohlen auf sein Haupt sammeln".

Laß dich nicht vom Bösen überwinden, sondern überwinde das Böse mit Gutem.

Römer 12, 17 –21:

„Vergelte niemandem Böses mit Bösem, ... überwinde das Böse mit Gutem". Von dieser Haltung ist selbstredend die Kindergeschichte von Max und Moritz meilenweit entfernt. Die beiden waren durchaus von boshaftem Gemüt, und ihr Ende verursacht durchaus so etwas wie Genugtuung. Aber ganz eindeutig ist auch: Es ist kein Ende im Sinne des Paulus.

Es steht Gewalt gegen Gewalt und was Kinder lernen ist, dass die Gewalt der Erwachsenenwelt am Ende doch immer überlegen ist. Sie lässt sich nicht grenzenlos narren und schlägt erbarmungslos zurück.

Nun mag man sagen: Das ist ja nur eine Geschichte, ein Komik, eine Satire, sowohl was die Streiche angeht, wie auch das Ende der beiden. Das gibt es in Wirklichkeit

doch gar nicht! Das ist richtig. In Wirklichkeit aber gibt es dieses schon erwähnte leise zustimmende Gefühl der Genugtuung. Und weil jeder selbstverständlich auch das Gefühl hat, dass man sich nicht alles gefallen lassen kann, und man nicht jede Bosheit und Frechheit einfach so wegsteckt, deshalb gibt es wohl ebenso leise aber nachhaltig eine gewisse Skepsis gegenüber dem Satz des Paulus, man solle Böses mit Gutem überwinden. Das entspricht ja oft nicht der eigenen Gefühlslage. Es leuchtet einem höchstens ein. Praktisch umgesetzt wird es praktisch selten. Wie sollte man das auch machen und immer durch halten?
Dem Bösen nicht mit Gutem zu begegnen und Gewalt mit Gegengewalt zu beantworten, das ist häufig eingeschliffen und selbstverständlich. Man muss schon einen Augenblick inne halten, um die Bedeutsamkeit der Paulusworte ermessen zu können. Und bedeutsam sind sie, sind sie dann, wenn man den Frieden will und für Frieden etwas anderes hält als die Tatsache, den Gegner besiegt zu haben.

Warum sie so bedeutsam sind, mag eine andere erfunden Geschichte verdeutlichen, die auf einem deutschen Schulhof spielt. Zum Glück und Gott sei Dank hat sie so nie stattgefunden. Sie könnte aber genau so passieren. Und so geht die Geschichte:
Kevin, neun Jahre, verspeist in der Pause auf dem Schulhof genüsslich ein Maoam nach dem anderen. Marvin, ebenfalls neun Jahre, sagt: „Gib mir doch ein‘ ab!“ und Kevin sagt: „Kauf dir doch selber welche!“, und Marvin sagt: „Du bist blöd!“ und Kevin sagt: „Du bist selber blöd!“ und Marvin sagt: „Aber nicht so blöd wie du?“ und Kevin sagt: „Und du bist viel blöder!“. Und dann tritt Kevin Marvin ans Bein und das tut weh und nach dem ersten Schmerz bekommt Kevin einen kräftigen Stoß vor die Brust und fällt hin. Langsam wird sein Gesicht rot vor Zorn, und er rappelt sich wieder auf und versetzt seinerseits Marvin einen anständigen Rempler mit der Schulter und der fällt auch hin und das wäre alles nicht so schlimm – oder vielleicht doch – wenn da nicht gerade diese Betontreppenstufe gewesen wäre. Auf die trifft

Marvin genau mit dem Genick auf. Und dann ist Ruh', da bleibt er liegen.

Erfunden ist diese Geschichte, ja, aber nicht aus der Luft gegriffen. Genau das ist täglich zu beobachten. Es wird täglich praktiziert. Gewalt wird gegenseitig hochgeschaukelt. Da ist keine Bremse. Keine nutzt Möglichkeiten, die es durchaus gibt, um aus dieser Spirale herauszukommen. Meistens enden solche Geschichten anders. Es geht nicht so schlimm. Meistens rennt dann eines der Kinder zur Lehrerin und erzählt, was der andere Schlimmes gemacht hat. Da wird der Kreislauf der Gewalt dann doch durchbrochen, aber fast immer auf Kosten der Tatsache, dass der, der zur Lehrerin gelaufen als Weichei und Petze gilt.
Wie lebensdienlich solches Verhalten ist, wird kaum bis gar nicht gewürdigt.

Nun habe ich Geschichten von Kindern erzählt und man könnte wider mal sagen: Na gut, das sind halt Kindergeschichten, Erwachsene verhalten sich doch
ganz anders!
Genau das ist oft nicht der Fall. Auch in der Welt der Erwachsenen gibt es Kränkungen und Beleidigungen, Zurücksetzungen und dergleichen. Dadurch werden Spiralen der Gewalt in Gang gesetzt, die hin und wieder auch tödlich enden. Das war schon bei der Geschichte von Kain und Abel so. Der eine fühlte sich zurück gesetzt, tödlich gekränkt und das war die Geburtsstunde der Mordtat. So etwas das kann sich ausdehnen bis zu einem Aufwuchern der Gewalt, wie es zum Beispiel beim Zweiten Weltkrieg war: Die Demütigung und Kränkung der Deutschen nach dem ersten Weltkrieg, so sagt die Geschichtsschreibung, war ein wesentliches Motiv für den Ausbruch von Hass und Kriegslust, die bekanntermaßen ganz Europa in die Vernichtungsspirale des Krieges gezogen hat.

Bei solchen Ereignissen handelt es sich nie um Naturgesetze. Es geht immer darum, wie Menschen miteinander umgehen. Und das wiederum hängt stark davon ab, welchem Evangelium sie folgen, und das ist beileibe nicht immer das Evangelium Jesu Christi - oder in unserem Fall: das Evangelium Jesu Christi im Zeugnis des Apostel Paulus: **Vergeltet niemandem Böses mit Bösem. Seid auf Gutes bedacht gegenüber jedermann. Ist's möglich, soviel an euch liegt, habt mit allen Menschen Frieden ..., überwinde das Böse mit Gutem!"**

Diese Form des Evangeliums ist ein Appell, ein Appell um des Friedens willen. Ihm würde, wie gesagt, theoretisch jeder zu stimmen, zumindest theoretisch. Und dann?
Dann gibt es u.a. zwei Möglichkeiten: Man kann sagen, erstens: das ist ein bisschen naiv. Kriege wird es immer geben, ob zwischen Völkern oder Nachbarn, ganz egal. Die Weltgeschichte und nahezu jede Dorfchronik belegt dies ein ums andere Jahr.
Diese Einstellung mag realistisch daher kommen. Es gibt sogar gute Gründe, dem Bösen mit anderem Bösen zu begegnen, weil man dem Bösen nicht anders beizukommen. Allerdings bleibt diesem Realismus immer ein Nachgeschmack,
der Nachgeschmack der „Faulheit", denn das gehört auch zu den Allerweltsweisheiten: Es ist einfacher einen Krieg vom Zaun zu brechen, als den Frieden zu bewahren. Es ist dabei ganz egal, ob es um einen Krieg zwischen
Völkern oder zwischen Nachbarn geht. Es ist oft nur der einfachere Weg, auf Gewalt Gewalt folgen zu lassen. Der Intelligenteste ist es in den allerwenigsten Fällen.
Auch bei der Geschichte von Max und Moritz ist es so. Ihr Ende ist die billigste Variante, die man sich vorstellen kann. Sie kostet nichts. Selbst die Beerdigungskosten sind gespart. Alles andere hätte Zeit und Mühe und vielleicht auch Geld gekostet. Dann hätte man nämlich fragen müssen: Warum seid ihr so, was fehlt euch, warum könnt ihr euch nur an der Bosheit freuen, was ist los in eurer Seele, was ist euer Evangelium?
Es macht Zeit und Mühe, Menschen auf die Spur und die eigentliche Menschlichkeit hervorzulocken. Sie zu vernichten ist eine Augenblicks- angelegenheit.

Die andere Möglichkeit, um mit Paulus‘ Worten umzugehen wäre diese: man dürfte nicht gleich abwehren, sondern müsste sich mit einem ersten Schritt eingestehen, dass es wirklich schwere Kost ist. Mit jedem Frieden zu halten, dem Bösen immer mit Gutem zu begegnen und sich gegen jedermann Wohlwollen zu bewahren, das ist nicht zu leisten. Aber worin kann dann der zweite Schritt bestehen. Er kann darin bestehen, sich zu bemühen, auch wenn man weiß, dass man leicht scheitern kann und dann vielleicht noch einmal scheitert. Man muss sich bemühen und das Seine tun. **Soviel an euch liegt**, schreibt Paulus, **haltet Frieden mit jedermann!** Man muss auf das seine schauen und auf die Schritte, die man selber gehen kann und man muss aufpassen, nicht einfach zum Echo oder zur Marionette der Friedensunfähigkeit anderer zu werden. Das passiert schnell, wenn man Gleiches mit Gleichem zu vergelten sucht.

Und noch wichtiger ist, worüber Paulus gar nicht redet, weil es ihm selbstverständlicher Glaube ist: Jeder andere neben, vor und hinter mir, jeder andere ist ein Geschöpf Gottes, wie ich. Es gibt nur Mitbrüder und Mitschwestern. Dazwischen gibt es nichts – keine Menschen zweiter Klasse. Unter dieser Überschrift auf die Menschen, die anderen, sogar die Feinde zu schauen, das hat nichts mit Moral zu tun. Das führt leicht zur Überforderung. Es hat mit Glaube zu tun, mit dem Glauben an Gott den Schöpfer, der natürlich auch den anderen geschaffen hat .

Wie man den anderen und wie man einander ansieht ist das Entscheidende. Entscheidend ist, durch welchen Glauben der Blick bestimmt wird. Das ist das Samenkorn, vor allem Tun, das Samenkorn, in dem angelegt ist, ob das Miteinander gesegnet und friedlich werden wird. Es ist eine Frage des Glaubens, nicht eine Frage der Moral, was man muss, darf und soll.

An vielen Orten unserer Welt und unseres Lebens könnten wohl noch viel Mehr

Augenblicke des Friedens und der Vergebung zum Vorschein kommen. Dazu bedarf es nur der Selbstverständlichkeit, dass jedes Menschenleben als wertvoll und liebenswert angesehen wird, so wie Gott es ansieht und ich selber auch gerne gesehen werden möchte. Auch in Streitfällen ist das vernünftig. Gleich zurückschlagen, keine Kompromisse suchen, schon gar nicht danach fragen, wer und was der andere ist, diese Vernunft stiftet keinen Frieden
Gott schenke uns, immer deutlicher mit den Augen des Glaubens sehen zu können, damit immer mehr Frieden möglich wird.

Der Friede Gottes, der höher ist als diese Vernunft, der bewahre unsere Herzen und Sinne in Jesus Christus. Amen!

Am Gelde hängt's zum Gelde drängt's - ine Predigt in Versen

Predigt über 2. Moses 5 – 16 + 32, 1-6 [14] 22.02.2009, Sonntag Estomihi

Liebe Gemeinde,

Gottesdienst feiern und beten und singen,
um Gott seine Klage und sein Dank darzubringen,

ist für viele kein Thema und kein Event,
an anderes wird das Herz lieber gehängt.

Götzendienst hat Luther so was genannt,
und mancher sich dabei schon richtig verrannt.

Einer dieser Götzen ist berühmt überall.
Sein Leuchten ist heller als glühender Stahl.

In fast jeder Seele hat er irgendwie einen Platz:
der Götze der Sehnsucht nach dem goldenen Schatz.

Mit anderem Namen steht der Götze innerhalb
unserer Bibel – dort heißt er: Goldenes Kalb.

Und dieses Kalb hat einen Bruder im Geist,
nämlich den Esel, der die Dukaten – genau, was Sie jetzt gedacht haben.

Und neuerdings gibt es noch ein drittes Wesen,

das ist öfter bei den beiden zu Besuch gewesen:

Das Reh, scheu und ängstlich noch dazu,
am besten lässt man es in Ruh.

Und lässt man es in Ruh nicht sein,
läuft's mit dem Geld nach Lichtenstein;

(trifft dort die Rehe andrer feiner Pinkel
diskret im Gasthaus zum ZUM WINKEL.)

Jedoch, wär' das nicht klasse, famos, fett und prall,
man hätte solcherlei Tierchen im eigenen Stall?

Vom goldenen Kalb also sei heute berichtet,
dazu habe ich gereimte Verse gedichtet –

wie schon manches Mal in den vergangenen Jahren,
immer wenn die Narren und Jecken los waren;

eine Faschingspredigt also zur Karnevalszeit,
eine Predigt sozusagen in die Zeit eingereiht.

Und wenn das ein bisschen das Hören bewegt
und Gesichtsmuskeln zum Schmunzeln anregt

und der Alltag sich anfühlt wie beiseite gelegt

und sich die Seele dabei in Muse ergeht ,

dann hat man, liebe Schwestern und Brüder
und Konfirmanden

im Wesentlichen das Wesentliche
ganz sicher verstanden.

Doch nun zu dem Tier aus ganz alter Zeit,
vor dem heute die ganze Welt sich verneigt.

Das goldene Kalb war nicht sehr groß, eher klein
aber aus Gold und das hielt man für fein.

Bevor man es machte, war folgendes geschehen,
das erzähl ich ein bisschen zum besseren Verstehen:

Im Geiste muss man sich Menschen vorstellen,
begleitet von Hunden, die knurren und bellen

mit ziemlich großen scharfen Gebissen.
Dafür hatten die Menschen kaum ein Gewissen.

Sie waren brutal und schlugen mit Gewalt
und wen es oft traf, der wurde nicht alt.

Diese Schläger jedoch waren ehrbare Leute

und so etwas findet man sogar auch noch heute.

Denn sie taten nur Dienst aufgrund von Befehlen
und wenn es Befehl ist, dann tut man auch quälen.

Früher war das zum Beispiel in Ägypten so.
Heute kennt man Abu Graib und Guantanomo

Die Beamten damals, ganz korrekt und solid,
taten Dienst in Pharaos Herrschaftsgebiet.

Der Pharao war König und sogar Gott in Ägypten,
und verantwortlich für die Gräuel, die seine Leute verübten

Die Geschlagenen, das waren die Israeliten
und ihnen half kein Flehen und Bitten.

Sie waren Gottes auserwähltes Volk,
und für sie hat Pharao die Vernichtung gewollt.

Er hat sie gepiesackt, unterdrückt und gequält.
Jedes andere Schicksal hätten sie lieber gewählt.

Man hatte so gut wir gar nichts zu sagen.
Wer etwas sagte, der wurde geschlagen.

Sie waren Sklaven, hatten nichts zu lachen,

mussten schwerste Schwerstarbeit machen.

So drohte das Volk zugrunde zu gehen -
doch da begann Gott am Geschichtsrad zu drehen.

Er erwählte sich Moses und sagte zu ihm:
„Von meiner Macht bekommst du jetzt mal geliehen.

Dann gehst du zu Pharao in dem sein Haus
und redest ihm erst mal die Grausamkeit aus.

Und wenn der glaubt, er müsse nicht wollen,
dann gibt es mal richtig was aus den Vollen

auf die Finger, für ihn und sein Leute,
und mit dieser Aktion beginnst du gleich heute.“

Zuerst war Moses dieser Auftrag eine Last,
aber dann hat er sich doch ein Herz gefasst,

und ging mit seinem Bruder, der Aaron hieß,
genau auf den Weg, auf den Gott ihn wies.

Der Pharao glaubte er hätt‘ sich verhört
sie beide seien im Hirn wohl verstört?

„Freiheit für alle!“, sie würden wohl scherzen,

nur Freiheit für die Reichen läg' ihm am Herzen.

Und ihr Gott würde ihn gar nicht interessieren,
dass müssten sie selber und ihr Gott mal kapieren.

Er sei der Pharao und Sklaven sein Kapital,
und Gottes Wille sei ihm völlig egal.

Wenn's um Geld geht, um Reichtum und Macht
wurde Gottes Wille schon damals verlacht.

Dem Pharao aber blieb sein eigenes Lachen
ganz schnell stecken im eigenen Rachen.

Ihm und seinen Leuten ging's jetzt an den Kragen
verursacht durch zehn ganz schreckliche Plagen.

Das war das Echo auf die Arroganz der Gewalt
Und es war als wär' schwarzes Lachen erschallt.

Das dröhnt durch Ägypten bei Tag und bei Nacht,
dem Herrenvolk wurde das Licht ausgemacht.

Im Einzelnen sei das jetzt gar nicht geschildert
und die Schrecken nicht mit Worten bebildert.

In der Bibel kann man nachlesen und erfahren,

im 2. Buche Moses, welche Plagen das waren.

Neun mal wurde Pharao die Chance gegeben,
ja zu sagen zu Freiheit und Leben.

Doch er hat nur taktierend gelogen
und so sein Land ins Elend gezogen.

Denn eigentlich war Pharao ein ganz kleines Licht,
doch das sehen kleine Lichter selber oft nicht.

Am Ende wurde Israel glücklich befreit
und ein Leben in Freiheit stand jetzt bereit.

Diese Freiheit war in der Tat teuer erkauft
und zunächst wurden fassungslos Haare gerauft.

Dann wurden gesungen, gelobt und gelacht,
und alle haben ein Tänzchen gemacht.

Miriam, die Prophetin, und andere Frauen
begannen wie wild auf die Pauken zu hauen.

Und alle lagen sich selig in den Armen
und wussten, ihr Gott hat mit den Armen Erbarmen.

Dann hat man sich mutig und zukunftsgewandt

auf den Weg gemacht in ein ganz neues Land,

in dem Milch und Honig- so hieß es – fließen,
und da würde man das Leben dann richtig genießen.

Gott ging voran, als Wolke am Tag
und wenn Dunkelheit über der Wüste lag,

dann wies er den Weg als leuchtendes Feuer.
Und er war auch sonst ein guter Betreuer.

Er schenkte Essen zum essen und Wasser zum trinken,
doch mit der Zeit begann die Stimmung zu hinken.

Denn der Weg war weit und nicht asphaltiert,
und dann wurde ganz schnell auch rumlamentiert:

„Der Weg ist so weit, das Essen so mager!"
Es gab so richtig Zoff und Ärger im Lager.

Moses wurde angepöbelt und Aaron auch,
man wolle endlich mal was Fettes im Bauch.

Immer nur Manna, das könne keiner mehr sehen,
und man wolle zurück nach Ägypten nun gehen.

Mit viel Geschick ist es Moses gelungen,

er hat mit Erfolg um die Freiheit gerungen.

Dann ging's ein paar Tage mal wieder gut.
bis zur nächsten dummen Unmutsflut.

Dazu machte sich bald noch Gedankengift breit
und das Volk, das Gott zur Freiheit befreit,

benutzt diese Freiheit, um laut rum zu schrei'n,
es dürfte ja wohl auch mal ein andrer Gott sein.

Man hätte es satt, man könne Gott auch nie sehn,
bei anderen täten schöne Standbilder rum stehen.

Da könnte man opfern und Gaben hinbringen
und mit Gebeten nachdrücklich drauf dringen,

dass Gott zuerst mal, was **ich** will, auch tut
und **so ein Gott** der tät tatsächlich doch gut.

Also ging die Parole, man solle Gott kündigen,
und hielt es für Fortschritt, sich so zu versündigen.

Als Moses dann ein paar Tage verschwand,
weil Gott es nun für geboten fand,

ihm die Gebote anzuvertrauen

–die hatte er vorher in Stein gehauen –

da nutzte das Volk die Gelegenheit:
Man war allein und zu allem bereit,

und wollte sich aus goldenen Sachen
einen **richtigen Gott** mal selber machen.

Schmuck aller Art, also Ketten und Ringe,
und viele andere güldenen Dinge

wurden gesammelt und Feuer gemacht
und die Dinge im Topf übers Feuer gebracht.

Nach ein paar Stunden war alles geschmolzen,
dann löste man die Abschließbolzen,

und das Gold begann zu rinnen.
Da waren die ersten schon von Sinnen.

Dann floss das Gold in die gebrannte Form.
Da war der Jubel schon enorm.

Und als das Kalb dann ganz und gar
im strahlenden Glanz zu sehen war,

da war, als wär' der Kosmos verschwunden,

tiefstes Schweigen, vier, fünf Sekunden,

bis urknallartig alle Stimmen aufbrüllten
und die Anbetung des Götzen die Himmel erfüllten.

Und dann ging es los: Gott war vergessen,
vom goldenen Kalb war man heillos besessen.

Wie in Ekstase, und Komadilirium
schrie man und hüpfte um das Getier herum.

Völlig im Rausch und gänzlich von Sinnen,
zerriss man die Kleider, als täte man spinnen.

Ohne Vernunft und mit dumpfer Emotion
bildeten dann alle eine große Koalition

und hüpften jaulend und im riesigen Kreis
um's Gold und schrien: „Dir sei Lob, dir sei Preis!“

So war er erfunden, der falsche Gott,
den man tief unten aus der Erde holt,

tief aus der Erde, wo ja die Hölle sei
und irgendwas Teuflisches ist wirklich dabei,

beim Tanz ums Goldene Kalb und das Geld,

der die Welt bis heut in Atem hält.

------ Bis heute !!!

Money makes the World go round
sagt der Ami und ist ganz erstaunt,

vor allem letztes und in diesem Jahr
dass das Tänzchen wohl nichts war.

Oder anders gesagt und ausgesprochen.
Auch beim Tanzen brichen Knochen,

und zwar dann, gemäß dem Götzentier,
wenn nur noch eins regiert: **die Gier.**

Immer mehr und mehr wird gerafft
und dabei gierig nach noch mehr gegafft.

So kam es auf edelstem Bankenparkett,
zu einem Tänzchen frivolster Obszönität.

Nach außen wurde Gewinnwalzer getanzt,
in Wahrheit wurde sich hinter Lügen verschanzt.

Das Ergebnis ist heute als Stichwort bekannt
es wird Finanz– und Bankkrise genannt.

Das geht ungefähr so und nach diesem Motto
und ist wenig seriöser als Glücksspiel und Lotto:

Man verleiht als Kredit so richtig viel Geld,
das einem selber in der Kasse fehlt.

Die Lücke bemüht man sich zu schließen
durch Gelder die bei Leerverkäufen fließen.

Das hatte ein Hedgefound durchstrukturiert
und Aktien am gleichnamigen Markt organisiert.

Darin steckt das Geld mancher anderen Bank,
aber die ist kurzfristig auch ziemlich blank,

und beginnen, statt zu zahlen, schamlos zu lügen
sie würden längst über genug Geld verfügen,

bei einer anderen Bank in Form von Kredit,
doch ängstlich sagt die: Ich mach nicht mehr mit.

Denn **richtiges** Geld sind wir schon lange am Suchen,
weil wir seit Jahren nur Luftnummern buchen.

Das Ganze hat nicht wenig sondern viel
von einer Verabredung zum Fußballspiel,

und alle sind da und machen sich fit,

nur der, der den Ball hat, der spielt heute nicht mit.

Wahre Intelligenz ist dann daran zu erkennen,
das trotzdem alle wie blöd weiter rumrennen,

und sich sagen: Was soll's, in so einem Fall,
da spielen wir das Spiel halt ohne den Ball.

Im wirklichen Fußball macht das ja Sinn,
und das Spiel ohne Ball bringt durchaus Gewinn.

Doch in der Welt der großen Finanzen
ist genau das das berühmte Rumtanzen

um's goldene Kalb, den Götzen Kapital,
und das ist von Schaden und der ist jetzt global.

Jetzt dürfen aber viele, die den Walzer nicht können
auf dem Finanzmarktparkett doch weiter rumrennen.

So auch das eloquente Bauernsöhnchen,
Ackermann mit Namen und 14 Milliönchen

Jahresgehalt, ja und da staunt man nicht schlecht,
und weiß: Es ist legal, aber ist es gerecht?

Und andere sind auch grad nicht knapp am Kassieren,

und wer soll das eigentlich noch richtig kapieren?

Selbst der Präsident der Vereinigten Staaten
zweifelt an dir Gier der Finanzplatzprimaten.

Denn was schaffen sie, die Einkommenstitanen
mit Nadelstreifen in Anzug und Namen?

Durch welche Arbeit ist das wohl gedeckt,
in der so gigantische Leistung drin steckt,

dass selbst Herkules, Simson und Siegfried zusammen
auf so ein Gehalt ihr Lebtag nicht kamen?

Gespartes wird vernichtet, das Geld einfach weg.
Die Macher werden belohnt mit 'nem saftigen Scheck.

Zumindest ganz oben auf den obersten Spitzen
sind doch immer noch die Selben am Sitzen.

Auch die haben Sorgen, da kann man drauf wetten,
und auch die liegen schlaflos mal in den Betten.

Doch von einer Sorge werden die wohl nie gequält,
nämlich davon, dass das Geld für den Schulausflug fehlt.

Nun aber herunter von den Höhen dort oben,

denn auch weiter unten fehlt's nicht am Loben

des goldenen Kalbs, und man tanzt drum herum,
denn wer heute sparsam ist, gilt ja als dumm.

Gierig zu sein und haben zu wollen,
Verbrauch und Konsum nur aus dem Vollen;

kaufen auf Pump, und lässig auf Kredit
nehm' ich - egal was es ist - ich nehm's mit.

Besitzen, sich nach Dingen sehnen
über die wir morgen gähnen,

weil morgen darf's was Neues sein,
dann braucht man neu den Euroschein,

also will man Zinsen haben,
mit Gewinn nach Hause traben.

Sind die Zinsen mal nicht genug
na, wie wär's mal mit Betrug

bei der Steuer - machen viele Leute,
ist doch nur ein Volkssport heute.

So zockt und kreiselt man herum

und wird allmählich lebensdumm

und wird auf dem globalen Markt
seelenmäßig eingesargt.

Zum Beispiel heißt es: Kinder sind zu teuer,
ein pekuniäres Abenteuer.

Also lassen wir das sein
und kaufen lieber Aktien ein.

Wenn die dann in den Keller krachen
kann man mit Schulden weitermachen.

Die vererbt man dann geschwind
am Ende seinem eigenen Kind,

das leider gar nicht existiert
So wird WAHNSINN buchstabiert.

Doch heißt die Parole jetzt:
Weiter ins Geschäft gehetzt!

Politisch will die Kanzlerin
die Bürgereinkaufsdisziplin.

Man *soll kaufen, konsumieren,*
so ließ' sich alles reparieren.

Und am Ende von dem Abenteuer
Heißt es: Ja Kinder - Kinder sind zu teuer.

Gar nicht gut ist außerdem
jene Gruppe angesehen,

die bei dem Tanz um Gold und Geld
sich lieber mal im Abseits hält.

Von solchen Leuten ist der Götze ganz besessen
und ganz begierig, ihre Seelen anzufressen.

Für diesen Zweck wurde etwas erfunden,
um alle Gehirne beständig zu umrunden,

bis keiner mehr vor Schwindel weiß
was ist wichtig, und was ist ....., es nicht.

Es ist allgegenwärtig, ist lustig, ist bunt,
ich meine die Werbung, mit all ihrem Schund.

Mit Wohlfühlhämmern und Werbungskompressoren
kriegt man es solang rechts links auf die Ohren,

bis **alles** Tun , **alles** Fühlen, **alles** Streben
geprägt ist vom Glauben: **kaufen sei Leben!**

„Kaufen ist Leben! Vermögen ist Glück!

Nur wer Geld hat, kriegt vom Segen ein Stück!

Gold ist Liebe! Rendite ist Vertrauen!
Gewinn ist die Zukunft. Darauf musst du bauen!

Nur wer was hat, dessen Leben hat wert!
Bist du nicht gierig, dann lebst du verkehrt!“

So lautet die Botschaft vom goldenen Tier.
So lautet sie immer noch heute und hier.

Und getanzt wird auch weiter in riesiger Runde
nd im Wahn dieses Tanzes geht vieles zugrunde.

Die Liebe wird käuflich und nur ganz verschwommen
wird das Leben noch als Geschenk wahrgenommen.

Statt Mensch zu sein wird man zu braven -
sieh da - Götzentierumrundungssklaven,

und verliert allmählich mit der Zeit
die Frei– und die Zufriedenheit.

Denn das Tier und seine Geldpropheten
braucht Menschen die beständig treten

und laufen und rennen, wie ein Hamster im Rad,
wovon der Hamster in der Tat gar nichts hat.

Der Hamster wird nie nach vorne gelangen,
denn obwohl er frei rennt, ist er gefangen.

So ähnlich geht es uns Menschen in unserer Zeit,
wir spotten der Ketten aber wir sind nicht befreit.

Als Moses damals auf den Berg rauf ging,
wo Gott ihn mit den Geboten empfing,

da war schon im Vorsatz der Gebote zu lesen
Gottes Wille sei in Wahrheit unsre Freiheit gewesen.

„Ich bin dein Gott", sagt Gott, „ ich will dich befrei'n.
Kein Mensch ist geschaffen, um Sklave zu sein!"

Und Paulus schrieb später in einem Brief,
dass Christus uns zur Freiheit berief.

Nun leben wir so frei, wie noch nie in diesem Land,
aber ist Unfreiheit aus dem Leben wirklich verbannt?

Sklaven sind wir nicht nur hinter Gitterstäben,
sondern wenn wir recht gottvergessen leben,

um unser Herz dort wie ein Opfer dar zu bringen,
wo's nur drum geht, wie schön die Münzen klingen.

Das Geld ist wichtig, ganz ohne jede Frage,

und am schönsten wär' es, wär' jeder in der Lage

geldsorgenfrei sein Leben zu bestellen
und etwas dazu, um die Freude aufzuhellen.

Das geht aber nur, das wird man verstehen,
würde es im Land gerechter zugehen,

und keiner, der sein Geld redlich beschafft
bekäme es von anderen beiseite gerafft,

mit Worten, die lauten dann in etwa so :
„Also hören sie mal und seine sie froh;

für sie hat das Glück sich richtig verdichtet.
Ihr Geld ist noch da und gar nicht vernichtet.

Nur gab es da etliche Verschiebungsschienen
Und jetzt ist es so: Ihr Geld gehört nicht mehr Ihnen."

Gerechtigkeit, kann so nicht entstehen.
Da müsste manches andersrum gehen.

Was aber nicht geht, denn das wäre ja schon
Ein Angriff auf das Kalb und seine Geldgierfraktion.

Dabei wär' andersrum sinnvoll und richtig
Denn wie gesagt, ist Geld durchaus wichtig,

aber eben nur Geld, eine Sache, ein Ding
kein höheres Wesen, wo's um Anbetung ging'.

Geld ist in sich ein pures Instrument.
Wird es vergöttlicht, wird's schnell dekadent.

Denn ob aus Geld Hilfe und Segen entsteht,
das ist dem **Menschen allein** in die Hände gelegt.

Und wer nur mit Gier die Zahlen verbucht,
der hat schon – wer weiß – das Leben verflucht.

Der baut sich einen Götzen in der langen Tradition
der uralt-modernen Geldverehrungsreligion.

Die hat durchaus Charme und charmantes Wesen,
macht aber Schaden, als sei's Terror gewesen.

Drum ist es vielleicht überhaupt nicht egal
und überhaupt auch eine ganz gute Wahl -

man täte Gottesdienst feiern und beten und singen,
um Gott seine Klage und sein Dank dar zu bringen.

Denn die Freiheit ist auf Kredit nicht zu bauen.
Man muss lernen auf Gott zu vertrauen.

Dem Gott, der uns vor Götzen schützt,
dessen Wort und Gebot uns wirklich nützt,

der unsere Freiheit will und viel Gerechtigkeit,
denn gerade die braucht's auch zur Heiterkeit;

der uns einlädt, mit Liebe nicht zu sparen,
und Wege mit Barmherzigkeit zu fahren,

mit offenen Augen den Nächsten zu sehen,
weil nur gemeinsam wird's uns wirklich gut gehen;

der uns nicht bemisst nach Lohnsteuerblatt,
weil er uns mit Würde geschaffen hat.

Und menschenwürdig leben heute und hier,
das braucht eben **mehr** als die Geldgötzengier.

Dieses **Mehr** hat Gott uns längst anvertraut,
und damit wird es vielleicht schöner gebaut: **das Haus des Lebens**.

das Haus des Lebens in dem jedes Kind jede Frau, jeder Mann,
sich genauso geborgen wie auch frei fühlen kann.

Und jetzt schließ ich mit einem kurzen Gebet,
das hier am Ende als ein Anfang steht.

Zu einem solchen Haus den Grundstein zu legen,
dazu hilf uns Gott – dazu gib deinen Segen; amen!

Und der Friede Gottes, der höher ist als alle Vernunft, der bewahre unsere Herzen und Sinne in Jesus Christus. Amen!

Zeit für Gott

Predigt über Lukas 14, 12 – 24 21.06.2009, 2.Sonntag nach Trinitatis

Er sprach aber auch zu dem, der ihn eingeladen hatte: Wenn du ein Mittags- oder Abendmahl machst, so lade weder deine Freunde noch deine Brüder noch deine Verwandten noch reiche Nachbarn ein, damit sie dich nicht etwa wieder einladen und dir vergolten wird.

Sondern wenn du ein Mahl machst, so lade Arme, Verkrüppelte, Lahme und Blinde ein,

dann wirst du selig sein, denn sie haben nichts, um es dir zu vergelten; es wird dir aber vergolten werden bei der Auferstehung der Gerechten.

Das große Abendmahl

Als aber einer das hörte, der mit zu Tisch saß, sprach er zu Jesus: Selig ist, der das [a] Brot ißt im Reich Gottes!

Er aber sprach zu ihm: Es war ein Mensch, der machte ein großes Abendmahl und lud viele dazu ein.

Und er sandte seinen Knecht aus zur Stunde des Abendmahls, den Geladenen zu sagen: Kommt, denn es ist alles bereit!

Und sie fingen an alle nacheinander, sich zu entschuldigen. Der erste sprach zu ihm: Ich habe einen Acker gekauft und muß hinausgehen und ihn besehen; ich bitte dich, entschuldige mich.

Und der zweite sprach: Ich habe fünf Gespanne Ochsen gekauft, und ich gehe jetzt hin, sie zu besehen; ich bitte dich, entschuldige mich.

Und der dritte sprach: Ich habe eine Frau genommen; darum kann ich nicht kommen.

Und der Knecht kam zurück und sagte das seinem Herrn. Da wurde der Hausherr zornig und sprach zu seinem Knecht: Geh schnell hinaus auf die

Straßen und Gassen der Stadt und führe die Armen, Verkrüppelten, Blinden und Lahmen herein.
Und der Knecht sprach: Herr, es ist geschehen, was du befohlen hast; es ist aber noch Raum da.
Und der Herr sprach zu dem Knecht: Geh hinaus auf die Landstraßen und an die Zäune und nötige sie hereinzukommen, daß mein Haus voll werde.
Denn ich sage euch, daß keiner der Männer, die eingeladen waren, mein Abendmahl schmecken wird.

Lukas 14, 12 – 24

Liebe Gemeinde!
In der Lutherbibel ist dieser Bibeltext überschrieben: Das große Abendmahl. Dabei wird schnell klar, dass es um mehr geht, als darum, eine Einladung zum Essen anzunehmen oder abzulehnen.

Ginge es nur darum, dann wäre dieser Text ausgesprochen problematisch. Man muss sich nur einmal vorstellen, was geschehen wäre, wären die zuerst Eingeladenen gekommen. Hätten dann die Armen, die Blinden, die Verkrüppelten draußen bleiben müssen? Wahrscheinlich! Dass sie dann doch eingeladen werden, macht sie zu Lückenbüßern, zur Zweiten Wahl. So ist das ja auch in der Wirklichkeit. Je schwächer jemand ist, egal wodurch, je später erreicht ihn irgendeine Aufmerksamkeit, wenn überhaupt. Das ist bei Jesus schwer vorstellbar und wird sehr schnell klar, dass es um etwas anderes geht
Das ganze bekommt seinen Sinn von woanders her. Alle Äußerungen in diesem Bibelabschnitt leben von einem anderen Thema. Es geht darum, Zeit zu haben für Gott.

Zeit für Gott. Wie steht es damit, mit der Zeit für Gott? Ob und wie haben Menschen

Zeit für Gott? Haben sie überhaupt Zeit für ihn und verwenden sie die Zeit auch so, wie Gott es wohlgefällig ist? Oder glauben sie nur, Zeit für Gott zu haben, tun dann aber nur das, wovon sie sich Vorteile versprechen? Dann lädt man natürlich z.B. nur die ein, die einem ähnlich sind und von denen man wieder eingeladen wird. Zeit für Gott - damit hatten wohl schon Jesu Zeitgenossen Probleme – und wie viel mehr erst wir heute, wo Zeit nicht einfach Zeit ist sondern Geld. Fast jeder würde der Einsicht des Schriftstellers Oscar Wild zustimmen, der gesagt hat: *Als ich klein war glaubte ich, Geld sei das wichtigste im Leben. Heute, da ich alt bin, weiß ich: Es stimmt!* [15] Und schon ist man eifrig unterwegs, wie das im Bibeltext bildlich beschrieben wird. Ein Ochsengespann ist zu kaufen oder einen Acker, oder es ist sonst wie heftig ackernd irgendwelchen Geschäften nachzugehen, um Geld zu machen.

Dagegen hat die biblische Geschichte auch gar nichts. Sie hat nichts gegen das Geschäftemachen und auch nichts dagegen, mit Fleiß und Nachdruck das Geld für den Lebensunterhalt zu verdienen. Aber sie hat sehr wohl etwas dagegen, wenn das Ganze geschieht in der irrigen – wahrscheinlich sogar unbewusst irrigen Hoffnung – dadurch mehr Leben zu bekommen. Sie hat etwas dagegen,
qwenn darüber Gott vergessen wird, und man tatsächlich glaubt, in diesem
irrigen Glauben sein Leben runter leben zu können. Zeit für Gott zu haben und seine Einladung, sei nicht so wichtig, denkt man. Die Geschichte redet sicher auch gegen die irrige Form der Liebe, die einen lehrt, sein Herz an Dinge zu hängen, die durchaus die Gier befriedigen, aber die Seele nicht durchbluten. Und so kann man auch leben auf der Grundlage von Glaube, Hoffnung und Liebe und ist doch im total falschen Leben, eben weil da keine Zeit ist für Gott.

Die meiste Zeit unseres Lebens, selbst heute in der hochmodernen und schnelllebigen Leistungsgesellschaft, verbringen wir immer noch damit, zu schlafen. Das geht manchen Leistungspropheten gegen den Strich und selbst in alten Sprichwörtern hat das Schlafen und Ausruhen oft so eine kleine anrüchige Einfärbung, z.B.: *Früher*

Vogel fängt den Wurm, oder: *Morgenstund hat Gold im Mund.* Da ist er dann wieder, der Zusammenhang von Zeit und Geld und der Hinweis, dass man ja nicht zu viel Zeit ohne Geldverdienen vergehen lassen darf.
Diese Einstellung hat sich durchgesetzt – bis dahin, dass der von Gott in der Schöpfungsordnung vorgesehen Rhythmus von Arbeit und Ruhe kaum mehr Beachtung findet, denn die Unterscheidung von Tag und Nacht darf beim Produzieren und Geldverdienen keine wirkliche Bedeutung mehr haben und den Sonntag wahrzunehmen als Einladung Gottes, sogar als Geschenk Gottes, zur heilsamen und heiligenden Ruhe, das ist nur noch ganz blass im Bewusstsein.

Wie kann man das aber jetzt machen und wie geht das, Zeit haben für Gott, für seine Einladungen? Woran kann man sich in unserer Zeit orientieren, um nicht in eine Sackgasse zu laufen? Den zuerst Eingeladenen in der Geschichte ist das ja passiert. Sie kein Ohr hatten für diesen Satz: kommt, denn es ist alles bereit!
Wir haben es heute mit einer durchaus komfortablen Situation zu tun, denn
dieser Satz: es ist alles bereit, es ist alles da!, der gilt immer noch. Wir müssen das Zeithaben für Gott und seine Einladungen nicht erfinden. Das wird für uns vorgehalten, und das schon seit Jahrhunderten in einer nahezu unerschütterlichen Verlässlichkeit.
Ich möchte dafür zwei Beispiele nennen: die christlichen Feiertage, wozu natürlich der Sonntag gehört und die Taufe,
Neben anderem sind beide, die Feiertage und die Taufe unmissverständliche Symbole dafür, dass wir von Gott eingeladen sind.
Über die Sonn– u. Feiertagen habe ich schon gesagt, dass ihre tatsächliche
Bedeutung verblasst. Das hängt natürlich damit zusammen, dass heutzutage mehr Tätigkeiten als früher auch am Sonntag verrichtet werden müssen. Nicht mehr nur in der Landwirtschaft ist das so. Auch im Pflegebereich und der Krankenversorgung, bei Feuerwehr und Polizei muss heute sonntags gearbeitet werden, ganz zu schweigen

von der Gastronomie und der Unterhaltungsindustrie. Viele der riesigen Fabriken müssen durchlaufen und können nicht mal so für zwei Tage abgeschaltet werden. Und es gibt natürlich vielerlei Freizeitaktivitäten, die der Entspannung und Erholung dienen und der körperlichen Erbauung, und vieles kann man ja heute auch mit dem Auto erreichen.

Aber mal Hand auf's Herz, liebe Gemeinde: Wozu ist es gut, wenn große Möbelhäuser sonntags ihre Tore öffnen dürfen, wenn auch nicht zum Einkaufen, sondern dafür, möglichen Kunden ihre Ware zu präsentieren? Warum müssen an Traditionsmärkten, die hie und da an manchen Orten seit Jahrhunderten abgehalten werden, auch die Modehäuser geöffnet sein, um das Modischste an die Frau und den Mann zu bringen? Und was soll das, an einem Passionswochenende zum Verzehr von Schlachtplatten auf breiter Front einzuladen? Warum muss an einem Karfreitag ein Reitturnier durchgeführt werden?

Es hat fast den Anschein, als wolle sich der kommerziell organisierte Freizeitkonsum darin überbieten, das Zeitzuhaben für Gott mit Füßen zu treten. Den Veranstaltern möchte man am liebsten ins Stammbuch schreiben: Erfindet euch doch eure eigenen Feiertage, aber lasst die Finger von unseren christlichen.

Das wäre natürlich mühsam – eigene Feiertage. Man müsste beim Gesetzgeber vorstellig werden, mit wenig Aussicht auf Erfolg – oder doch mit Aussicht auf Erfolg. Denn im umgekehrten Fall, wenn es darum geht, christliche Feiertage ab zu schaffen, um Geld in die Kassen zu bekommen, da ist der Gesetzgeber durchaus handlungswillig.

Zeit haben für Gott! In der Geschichte sind es die Gutbetuchten, die Geld haben zum Feiern und Handeln, denen es besonders schwer fällt, auf Gottes Einladung zu hören. Ob das heute noch genauso ist, ist schwer zu sagen. Wohl eher nicht. Heute geht es quer durch alle Reihen.

Dabei geht es nicht um Kleinigkeiten und Einzelheiten. Es geht nicht darum, ob man im einzelnen Sonntags in die Kirche geht oder mit dem Auto in die Waschanlage fährt – um, wie es in der entsprechenden Werbung hieß, die Zeit sinnvoll zu nutzen. Es geht nicht um Einzelheiten, es geht um eine innere Einstellung und darum, was einem heilig ist.

Ein offenes Ohr für die Einladung haben in der Geschichte die Menschen, die sich ausgegrenzt in der damaligen Zeit ausgegrenzt waren. Sie haben es mit einer Einladung zu tun, bei der spielt jegliche Grenze keine Rolle. Es ist egal, ob man Mann oder Frau ist, jung oder alt, oder ob man ins Bildungsmilieu gehört oder sich einer anderen Einkommensgruppe zurechnen darf. Es ist sogar egal, was die anderen über einen denken. Das alles und vieles mehr, was wir tagtäglich benutzen, um unsere Welt und die Menschen zu ordnen und einzuteilen in oben und unten, in gefällig und weniger gefällig, in Gewinner und Verlierer spielt bei dieser Einladung gar keine Rolle.

Die Taufe, die Kindertaufe, ist wahrscheinlich das klarste Zeichen, das wir haben, um das Wesen der Einladung Gottes zu verstehen. Denn wenn man sieht, wie wir sind, wie ein Kind ist, wie Leni ist, dann kann es eigentlich gar keinen Zweifel daran geben, dass Leben **und** Lieben eine unauflösliche Einheit sind und sein müssen. Und so ist die Einladung Gottes, sie ist an keine Leistung und Vorbedingung geknüpft. Und hier versteht man vielleicht, dass es bei dem Thema „Zeit haben für Gott", gar nicht darum geht, sozusagen auch mal für Gott ein bisschen seiner wertvollen Zeit abzuknapsen. Es geht um uns und unsere Zeit und darum, wie wir sind. –Und wie sind wir?

In jedem Falle ist es so, dass kein Mensch sein Leben selber gemacht hat. Das ist eine Tatsache. Jeder ist in das Leben eingeladen. Jeder ist in das Leben hineingerufen von einem anderen als sich selbst. – von Gott! Das ist zu glauben.

Das Leben ist uns geschenkt, es ist, wie in der Geschichte, eine Einladung zu lieben und zu feiern und einander beizustehen, mit dem, was wir haben und können und sind.
Keine Zeit zu haben für Gott, bedeutet in diesem Sinn, am Leben, wie es ist, vorbei zu leben. Es ist eigentlich eine Unmöglichkeit und der Versuch, ein unmögliches Leben zu leben.

Die heiligen Orte, die wir haben, unsere Kirchen, und die heiligen Zeiten, die Sonn – und Feiertage, über die ich geredet habe, sie sind eine Hilfe. Und ob man sie beachtet, hat mit viel mehr zu tun, als der Frage, ob man sich dort gut unterhalten fühlt, oder woanders nicht vielleicht besser unterhalten wird. Sie sind Ort und Zeit gewordene Symbole für die Einladung Gottes. Sie sind eine Hilfe, eine Hilfe dazu, nicht leichtsinnig und vollkommen überflüssig das Leben der Verwahrlosung durch Gleichgültigkeit und Lieblosigkeit preiszugeben. Das möge uns erspart bleiben. Stattdessen mögen wir gute Wege finden, um das Leben zu lieben und zu feiern und einander beizustehen, mit dem, was wir haben und können und sind, so gut es geht; und so, so gut es geht, der Einladung Gottes folgen.

Und der Friede Gottes, der höher ist als alle Vernunft, bewahre unsere Herzen und Sinne in Jesus Christus. Amen!

Wie, wer, was – Gott?

Predigt über den Ersten Artikel des Apostolischen Glaubensbekenntnisses:
24.01.2010, Letzter Sonntag nach Epiphanias

Ich glaube an Gott den Vater, den Allmächtigen, den Schöpfer des Himmels und der Erde.

Liebe Gemeinde

Wenn die Konfirmanden das Glaubensbekenntnis lernen, lernen sie natürlich als erste den ersten Artikel. Er ist kurz und schnell gelernt Eine einfache Sache, so könnte man jetzt glauben. Und wenn man gewohnt ist, in den Gottesdienst zu gehen, ist einem dieser Satz sehr vertraut, also auch in diesem Sinn nichts Besonderes.
Aber Sie können es sich schon denken: Dieser Satz hat es in sich. Im Glaubensbekenntnis ist jeder Satz wichtig und gewichtig. Es ist ein Text, der nicht in der Bibel steht, aber möglichst kurz versucht, den ganzen Glauben zusammenzufassen, der in der heiligen Schrift bezeugt wird.

Nun also der erste Artikel, wie man diesen Abschnitt auch nennt, über Gott.
Der geglaubte Gott wird gleich auf dreierlei Weise benannt: als Vater, als Allmächtiger und als Schöpfer. Über jedes dieser Worte sind Regale voll Bücher geschrieben worden. Selbst ein 1000 - Stunden-Gottesdienst würde nicht ausreichen, um alles zur Kenntnis zu nehmen. Aber es soll doch jeder der drei Begriffe zur Sprache kommen.

Zunächst also der Vater!
„Wie heißt eigentlich die Frau vom lieben Gott?“ So hat mich mal ein sechs jähriges

Mädchen gefragt. Wie heißt die Frau vom lieben Gott? Wir beide mussten erst ein bisschen miteinander reden, bis ich als gelernter Erwachsener diese schlaue Frage eines schlauen Mädchens verstanden hatte. Es hatte nämlich nachgedacht und registriert, dass wir „Vater unser“ beten und das Jesus Christus der Sohn Gottes ist. Und da ist es ja logisch, wenn es ein Vater und einen Sohn gibt, dann muss es doch auch eine Mutter geben. Die ist dann natürlich die Frau vom lieben Gott. Nun ist Maria zwar die Mutter Jesu aber nicht die Ehefrau vom lieben Gott. Diese einfache Antwort ging also nicht. Und letztendlich war die Frage auch viel schlauer als meine Antwortversuche. Diese Frage macht ganz deutlich, wenn wir Gott Vater nennen, dann können wir nicht einfach Erfahrungen aus unserer Menschenwelt auf Gott übertragen und Gott vermenschlichen. Gott ist nicht einfach so ein Vater und Mann nach Menschenbild.

Da gibt es ja ganz unterschiedliche Väter. Es gibt solche, die schlagen Frau und Kind und solche, die denken nur an sich und ihr Auto und den Fußballverein. Es gibt solche, die versaufen das ganze Hab und Gut und es gibt solche, die opfern sich auf für ihre Familie und solche, die sind ganz aufmerksam. Die sind mit soviel Zeit wie möglich bei ihren Kindern und haben nichts als deren Wohl im Sinn. Vater, das ist also etwas sehr verschiedenes. Und Gott ist, wie gesagt, nicht einfach so Vater und er ist auch nicht einfach so Mutter. Der Streit über diese Worte, Vater – Mutter, den es in den vergangenen Jahren immer wieder mal gegeben hat, ist eigentlich sinnlos. Es geht nicht um Biologie. Es geht um Vertrauen.

Was Gottes Vatersein für uns Menschen bedeutet, welche Beziehung des Vertrauens sich mit diesem Wort für uns Menschen eröffnet, das hat niemand so schön beschrieben als Jesus selber in seinem Gleichnis vom verlorenen Sohn. Besser wäre wohl die Bezeichnung „Gleichnis vom Sohn der nicht verloren gehen kann“. Ich empfehle immer wieder, dieses Gleichnis ab und zu mal zu lesen, wenn man etwas über Gott, bzw. uns Menschen wissen will. Es steht im Lukasevangelium, Kapitel 15. Da ist Gott der, der alle Freiheiten gibt. Das könnte wohl kein Mensch, kein Menschen-Vater und keine Menschen-Mutter, weil alle Freiheiten zu geben sehr gefährlich werden kann. Aber Gott macht das so, und zwar mit uns. Und zugleich macht er es so, dass wir nicht verloren gehen können. Denn wir sind die, denen Gott den Weg zu sich nie verstellt - ganz im Gegenteil. Er hat diesen Weg mit Liebe gepflastert. So ist es um uns bestellt, es gibt einen Weg mit Liebe gepflastert, den wir jederzeit betreten und wiederbetreten können. Diesem Umstand zu vertrauen heißt: Ich glaube an Gott, den Vater.

... und den Schöpfer des Himmels und der Erde. Diese dritte Benennung Gottes ziehe ich erst mal vor. Warum ich das mache, erkläre ich gleich.

Gott der Schöpfer des Himmels und der Erde! Seit es die moderne Naturwissenschaft gibt, gibt es einen Streit, ob die Naturwissenschaften nicht viel besser und zuverlässiger erklären können, wie die Welt entstanden ist, viel besser, als die biblischen Schöpfungsberichte. Dieser Streit ist zum Teil heftig und mit heftigen Anfeindungen durchsetzt. Und dieser Streit ist sinnlos.

Er beruht darauf, Äpfel mit Birnen zu vergleichen. Aber es geht im Glaubensbekenntnis nicht um die Früchte, sondern, um im Bild zu bleiben, um den Stamm, um den Baum. Es geht nicht darum, **wie** die Welt sich entwickelt hat, sondern darum, dass sie da ist. Sie ist uns vorgegeben, nicht von uns gemacht. Sie ist uns geschenkt und anvertraut als lebendiger Lebensraum. Es geht auch hier nicht um Biologie und Physik und Chemie. Damit kann man natürlich heute Vieles gut erklären. Das konnten die Menschen vor dreitausend Jahren natürlich nicht. Sie konnten nicht wissen, was wir heute wissen. Darauf kommt es aber auch gar nicht an.

Es kommt darauf an, wie wir das alles verstehen: Ob wir es als ein Geschenk verstehen, dem wir mit Dankbarkeit und Ehrfurcht begegnen, oder das Ganze mit einer Mentalität betrachten, die keine Skrupel hat die Erde wie eine Wegwerfware zu behandelt. Gier und Habsucht drängen massiv in diese Richtung. Und wo Gier und Habsucht Erfolg haben, und sich Milliarden anhäufen, da werden die Menschen arrogant. Man lässt sich nichts sagen und regiert lieber selber nach jener goldenen Rege die da lautet: Die Regeln machen die, die das Gold haben.

Diese von Gier und Habsucht geschwängerte Weltsicht hat natürlich keinen Gefallen an der Idee, sich vor Gott rechtfertigen zu müssen. Also erklärt man Gott kurzerhand für tot. Man tut es allerdings nicht im Sinne eines Friedrich Nietzsche. Der musste Gott leugnen, um wie er sagt, der Erde treu bleiben zu können. Heute tut man es eher, um sie grenzenlosen ausbeuten zu können.

Ohne Gott braucht man dann gegenüber niemandem mehr dieses Vorgehen zu rechtfertigen. Die zukünftigen Generationen, vor denen das ebenfalls zu rechtfertigen wäre, gibt es ja noch nicht. Also kann man dann alles machen, was geht, selbst wenn dabei alles zu Grunde geht.

Das ist eine gefährliche Sackgasse, in die man scheinbar auch beim letzten Weltumweltgipfel wieder einen guten Schritt weiter hinein gelaufen ist. Denn es sind ja Gier und Habsucht und die Unfähigkeit, gerecht zu teilen, die solche Veranstaltungen so sinnlos macht.

Ich glaube an Gott, den Schöpfer des Himmels und der Erde, das ist der Glaube daran, dass alle das Recht haben, in gleicher Weise gut von dem leben zu können, was uns mit der Schöpfung anvertraut ist. Es ist der Glaube daran, sich an der Schönheit der Natur mit Recht erfreuen zu dürfen bei gleichzeitiger Pflicht, die Erde für unsere Kinder zu bewahren.

Ob das gelingt, wird sich auch daran entscheiden, ob es Gier, Habsucht und Gleichgültigkeit sein werden, die unser Verstehen und Wollen und Handeln bestimmen, oder Dankbarkeit und Ehrfurcht und Mitgefühl gegenüber allem was lebt.

Ich glaube an Gott, den Allmächtigen. Diese zweite Benennung habe ich deshalb an den Schluss gesetzt, weil es in gewisser Weise die Schwierigste ist. Es ist diejenige,

die unsere Seele und die Sorge um die Seele am intensivsten berührt. Was meine ich damit?
Als ich Schüler war, erzählte mir irgendwann mal ein Mitschüler, er glaube jetzt nicht mehr an Gott und Gott gebe es nicht. Ich fragte ihn, warum er dieser Ansicht sei. Er habe so sehr zu Gott gebetet, sagte er, dass ihm die nächste Klassenarbeit gelingen möge und alles beten hat nichts genutzt.
Wer kennt eine solche Kindererfahrung nicht? Millionenfach werden ähnliche Erfahrungen gemacht von Kindern und Erwachsenen. Es ist eine Erfahrung, die immer dem gleichen Gedanken folgt: Wenn Gott allmächtig ist, dann kann er doch auch dafür sorgen, dass mir ein gnädiges Schicksal widerfährt, dann hat er doch die Macht Leid, Unglück, Not und Ungemach aus meinem Leben heraus zu halten. Wie gesagt: millionenfach wird diese Erfahrung gemacht, dass sich unser ganz menschlicher Wunsch nach einem gnädigen Schicksal nichterfüllt.

Aber wieso glauben wir Menschen eigentlich, dass Gott uns etwas schuldig sei?
Was haben wir Menschen – in Anführungsstrichen – „Großartiges" in die Waagschale zu werfen, das uns glauben lässt, Gott habe uns gegenüber eine Bringschuld? Welche Logik berechtigt uns anzunehmen, mit Gott könne etwas nicht stimmen, bis dahin, das er nicht existiert, weil uns Menschen das gnädige Schicksal verwehrt bleibt?
Das sind sicher harte Fragen, die man sich nicht jeden Tag durch den Kopf gehen lassen kann. Und es sind harte Fragen, gerade dann, wenn sich Leid und Verlust und Not und Elend des Lebens bemächtigt haben, und sich die Seele in der Wüste der Verzweiflung wiederfindet, und wir keine Antwort finden auf die Frage: Warum; welchen Sinn hat das denn?
Diese und ähnliche Fragen bleiben. Sie leben immer wieder neu auf. Das ist auch geschehen angesichts der aktuellen Katastrophe in Haiti. Warum soviel Leid?
Manche sind dann schnell bei der Hand mit Sätzen wie: Gott habe Haiti und die

Menschen dort verlassen; und anderen ist das Leid Wasser auf die Mühle ihrer Behauptung, Gott sei tot. Aber wie gesagt hier wäre erst die Frage zu beantworten, wieso wir berechtigt sind, glauben zu dürfen, Gott sei uns etwas schuldig.
Zu unserem Menschensein wird immer folgendes dazu gehören: Das Sich-abfinden-müssen mit Unvermeidbarem, auch dem unvermeidbaren Leid und das Sich-abfinden-müssen damit, dass sich das Wort Allmacht letztlich unserem Verstehen entzieht.

Es gibt das Schicksal und den Glauben. Das wird immer in einer Spannung bleibe. Es wird sogar Zerrissenheit entstehen, denn es ist doch ganz menschlich, liebe Gemeinde, dass dort, wo Verzweiflung ist auch Zweifel und Klage Platz greifen in den Gefühlen und Gedanken, die wir Menschen mit Gott verbinden. Das ist so alt wie die Bibel, zumindest so alt wie das Buch Hiob, das einzig um diese Zerrissenheit kreist und klagt.
Ich weiß nicht, ob es je eine bessere Einsicht geben wird als die, dass Gott der Allmächtige das Schicksal nicht macht, aber hilft, es zu tragen. Er macht es nicht. Er macht es auch nicht so, dass es sich unserem Wollen, Wünschen und Hoffen widerspruchslos einfügt. Trotzdem sind wir nicht von ihm allein
gelassen.
Ich weiß, dass dies eine harte Einsicht ist. Diese Einsicht wird die Zerrissenheit in vielen Situationen nicht auflösen. Aber sie kann uns öffnen für etwas ganz anders, nämlich dafür, dass es angesichts des Schicksals auch entscheidend ist, wo wir sind. Es gibt nicht nur unser Fragen nach Gott, sondern auch Gottes Fragen nach uns: **Adam, Mensch, wo bist du** (1.Mo. 2,9). Das ist die Frage, die Gott uns stellt.
Nachdem er seinen Bruder erschlagen hat fragt kein: **Soll ich meines Bruders Hüter sein** (1Mose 4, 9a)? Und Gott antwortet: genau das, sein Hüter, nicht sein Mörder!
Und Jesus sagt: **Liebe deinen Nächsten wie dich selbst!** (Matthäus 22, 37). Er sagt nicht: Lass ihn dir ruhig egal sein, denk an dich!

Und der Apostel Paulus sagt, das Gesetz Christi geht so: **Einer trage des anderen Last** (Galater 6, 2)!

Einer trage des anderen Last. Das ist vielleicht die stärkste Waffe und Hilfe, die wir Menschen jemals haben werden, um Schicksal zu ertragen. Und wenn es denn stimmt, dass Gott in den Schwachen mächtig ist und Christus keine anderen Hände hat als unsere, dann sind wir selber von mal zu mal **auch** so etwas, wie eine kleines Echo der Macht Gottes, hineingestellt in die Zumutungen des Schicksals. Das ist enorm ehrenvoll und enorm verpflichtend.

Glaube an Gott den Allmächtigen, den Vater, den Schöpfer -dieser Glaube gestaltet sich nicht im permanenten Bejubeln einer außerweltlichen Macht mit freudeverklärtem Gesicht. So wird das ja manchmal gefordert. Dann wird gesagt, ihr Christen müsstet doch viel fröhlicher sein und aussehen. Solche Forderung ist aufgesetzter Etikettenwettbewerb.

Glauben ist, glaube ich, etwas anders. Glaube wird lebendig dadurch, dass dem Leben mit liebevoller Ernsthaftigkeit begegnen wird - mit Vertrauen, mit Ehrfurcht und liebevoller Ernsthaftigkeit. Und das geschieht manchmal ganz einfach dann, wenn man einen anderen liebevoll, tröstend in den Arm nimmt. Auch dann hat man gesagt: Ich glaube! Ich glaube, dass das Leben und mein
Leben mehr ist, als ich geben kann, mehr, als ich nehmen kann und mehr, als ich aus eigener Kraft bewahren kann. Es ist ein Geschenk, das glaube ich und so glaube ich an Gott, amen!

Und der Friede Gottes, der höher ist als alle Vernunft, bewahre unsere Herzen und Sinne in Jesus Christus. Amen!

Gottvertrauen und Arbeit – Stärken des Leben

Predigt über Prediger 3,1.4.16+17.22 1. Mai 2010[16]

Ein jegliches hat seine Zeit, und alles Vorhaben unter dem Himmel hat seine Stunde: pflanzen hat seine Zeit, ausreißen, was gepflanzt ist, hat seine Zeit; weinen hat seine Zeit, lachen hat seine Zeit schweigen hat seine Zeit, reden hat seine Zeit (…).
Weiter sah ich unter der Sonne: An der Stätte des Rechts war Gottlosigkeit, und an der Stätte der Gerechtigkeit war Frevel.
Da sprach ich in meinem Herzen: Gott wird richten den Gerechten und den Gottlosen; denn alles Vorhaben und alles Tun hat seine Zeit. (…)
So sah ich denn, dass nichts Besseres ist, als dass ein Mensch fröhlich sei in seiner Arbeit; denn das ist sein Teil.

Prediger 3,1.4.16.17.22

Liebe ökumenische Gemeinde!
Alles hat seine Zeit. Mit diesem Satz könnte man alles deckeln, was dem Menschen an Lebensrisiko und Schicksal zugemutet wird. Im Geiste dieses Satzes kann man auch formulieren: Geschäfte eröffnen hat seine Zeit, Geschäfte schließen hat seine Zeit, Gewinne machen hat seine Zeit, Verluste machen hat seine Zeit, investieren hat seine Zeit, spekulieren hat seine Zeit, abkassieren hat seine Zeit. Und das war es dann.
Und so ist es ja auch: Das Wirtschaftsleben ist impulsiv und im nächsten Augenblick träge. Die Lebensbahn der Konjunktur ist die Schwankung - alles hat seine Zeit! Wenn ein Notenbankchef die Stirn in Falten legt, sackt der Dax um 2% ab; Erfindungen revolutionieren ganze Produktionszweige und werbungsgesteuertes

Konsumverhalten führt dazu, dass ein anderer auf seinen Produkten sitzen bleibt und so weiter und so fort.

Wirtschaften ist dynamisch. Es ist sogar so dynamisch, dass niemand mehr sagen kann, er hätte den Überblick. Das Anspiel, das wir gesehen haben, hat die Verflechtungen deutlich gemacht, in denen Menschen ihre Arbeitskraft zu Markte tragen. Diese Verflechtungen sind für den einzelnen schicksalhaft, d.h. es geht zu, wie bei einem Vulkanausbruch: Da brodelt etwas unter der Oberfläche. Wenn der Vulkan ausbricht, brechen die Einnahmen weg, nicht nur bei Fluggesellschaften, sondern im Falle einer Betriebsschließung fällt weg der Lebensunterhalt von Männern und Frauen, Alleinerziehenden und Teilzeitbeschäftigten, die für ihre Familie sorgen, und es bricht weg Hoffnung und Sicherheit für die Zukunft und Lebensplanung . Hier geht es dann nicht nur darum, darauf zu warten, bis die Aschewolke abgezogen ist, um dann so weiter zu machen wie vorher. Ein solches Weitermachen wie vorher gibt es eben nicht.

Nun kann man sagen: Na ja, alles hat seine Zeit, steht ja schon in der Bibel.
Aber genau das steht nicht in der Bibel. Da erfährt man etwas über die enorme Wertschätzung, die die Bibel der Arbeit entgegen bringt. Es gibt sozusagen ein Gegenmittel, gegen dieses A**lles hat seine Zeit**, etwas, das ist davon ausgenommen und dieses Etwas hat zwei Komponenten: das Vertrauen auf Gott und seine Gerechtigkeit - und Arbeit. **Da sah ich**, nämlich angesichts der unausweichlichen Licht - und Schattenseiten des Lebens, **dass nichts Besseres ist, als dass ein Mensch fröhlich sei in seiner Arbeit, denn das ist sein Teil.**
D.h.: Die Arbeit ist ausgenommen. Für sie gilt nicht: Alles hat seine Zeit. Sie ist dazu da, die Zeit zu stabilisieren. Die Arbeit markiert einen Grenzwert, und nicht nur Arbeit, sondern gute Arbeit muss es sein. Wie sonst sollte der Mensch dabei fröhlich werden. Im Geiste dieses Textes kann es eben nicht heißen: Arbeit hat ihre Zeit und

Arbeitslosigkeit hat ihre Zeit. Das Letztere ist nicht mehr akzeptabel. Es ist eine Grenzüberschreitung, durch die der Menschen des Besten beraubt wird, was er zur Verfügung hat, um das ansonsten wechselhafte Leben zu bestehen. Keine gute Arbeit zu haben, ist den Menschen nicht zumutbar, soweit die Bibel.

Hier geht es nicht, das will ich betonen, um die Beschreibung weltfremder, paradiesischer Zustände. Hier hat die Bibel das wirkliche Leben im Blick, wie es zu sein hat.

Aber so ist es nicht bei uns. Die Wirklichkeit ist Arbeitsplatzverlust, ganz konkret hier in Hanau und ansonsten allerorten, immerzu, und der Warenkorb bleibt leer.

Und was ist dann?

Vielleicht hat der ein oder andere es gesehen, der Warenkorb ist gar nicht leer.

Schere herausholen

Das hier hat noch drin gelegen. Das kommt dabei heraus, wenn es so bleibt und weitergeht, wie es ist: Eine Schere! Sie ist in den letzten 25 Jahren zu **dem** Beschreibungssymbol unserer Wirklichkeit geworden: - die Schere, die immer weiter auseinander geht; eine Trendwende ist nicht in Sicht; - die Schere, die Risse in unserer Gesellschaft verursacht zwischen Wohlstand und Armut, zwischen Überfluss und erhöhtem Lebensrisiko, zwischen der Bildungselite und den Abgehängten. Vor 10 Jahren ist eine der wenigen ökumenischen Schriften, das sogenannte „Sozialwort" der evangelischen und katholischen Kirche, entstanden. Schon damals wurde ganz deutlich auf diese Schere hingewiesen. Schon damals wurde als Hauptgrund dafür die Arbeitslosigkeit benannt. Schon damals wurde deutlich gesehen, dass Arbeit in der Gefahr steht - und damit natürlich die Menschen – zu einem reinen Spekulationsobjekt im System des fortschreitenden Urwaldkapiatlismus zu werden.

Wie kann man da Luft bekommen, sich Hoffnung bewahren oder neue Hoffnung gewinnen? Dass soll ja, so haben wir es auf dem Plakat geschrieben, auch eine Rolle spielen.

Ganz sicher ist es hoffnungsvoll und wunderbar, wenn jemand ganz schnell wieder eine Arbeit findet. Für manche ist das ja so gekommen, auch wenn die Abstriche, die dabei gemacht werden müssen, einen schlucken lassen. Hoffnungsvoll ist es auch, wenn alles erdenklich Mögliche mit Erfolg getan wird, um in einer Transfergesellschaft relative Sicherheit zu bieten. Hoffnungsvoll ist es auch, wenn kommunale Zukunftspläne realisiert werden können, die Perspektiven für den Arbeitsmarkt und für eine verlässliche Lebensplanung für die Menschen bieten. Das ist wichtig, damit Harz IV nicht Wirklichkeit wird. Mit Harz IV wird kein nüchterner 23jähriger sich trauen, eine Familie zu gründen und Kinder in die Welt zu setzten und eine 56jährige muss zuschauen, wie ihre Lebensleistung einer Inflationsrate ausgesetzt wird, die an die Würde geht.

Wie kann man weiter helfen, damit Hoffnung möglich wird? Diese Frage hat uns auch im Rahmen der Vorbereitung dieser Gottesdienstfeier bewegt. Wir haben natürlich nicht die eine große Antwort gefunden. Es sind eher kleine, ganz kleine Leuchttürme, die man da in den Blick bekommt und auf die man hinweisen kann.

Denn es **ist so:** Wir in der Kirche, wir haben z.B. keine ausgewiesene Seelsorge für Menschen, die ihre Arbeit verlieren. Aber ich glaube für vieles, was die Seele dann umtreibt, findet man in fast allen unseren Pfarrämtern, katholisch wie evangelisch, Geistliche, die bereit sind, ein Stück dieses Weges mit zu gehen, auch wenn er damit anfangen muss, zunächst einmal Worte und eine gemeinsame Sprache zu finden.

Und es ist natürlich so: Wir leben globalisiert und der Wettbewerbsdruck ist hoch und eine nur irgendwie dem Guten verpflichtete Gesinnungsethik, die nicht auch wirtschaftlich denkt, ist unangemessen. Aber zum Glück verbreitet sich auch die Einsicht, dass eine gesinnungslose Erfolgsethik ganz und gar nicht das ist, was den Menschen und dem Wirtschaften dient. Zwischen diesen Polen ist vielleicht mehr Raum für mutiges Handeln, als bisher genutzt wurde. Aber er wird auch schon

genutzt und dann hat der Geschäftsführer oder Inhaber oder Unternehmer den Mut und stellt doch noch jemanden ein, wohl wissend, dass hier der Gewinn für seine Firma erst mal der Mensch ist und keine schwarze Zahl. Zu solchem Mut kann man nur gratulieren und man kann darum werben, dass er zum Standardrepertoire unternehmerischen Handelns wird, wo es irgend geht.
Und natürlich ist es so – das ist auch ein kleiner Leuchtturm - dass es noch genug Anstand und Sitte in unserem Land gibt, die flächendeckend darum weiß, dass es nicht geht, Menschen ohne Arbeit in den Dunstkreis der Dekadenz einhüllen zu wollen. Hier sind manche Eliten vollkommen auf dem Holzweg. Ich kenne keinen Arbeitslosen, der aus freien Stücken gekündigt hätte, weil es so schön ist, arbeitslos zu sein. Anstand und gute Sitten sind hier gefragt.
Und natürlich ist es so, dass wir im Zeitalter des Individualismus leben. Jeder für sich heißt das Motto. Aber jeder weiß auch, nur zusammen ist man weniger allein, auch weniger gefährdet. Und es ist eben nicht so, wie in der Werbung, wo einem jemand verspricht: Lebe und wir kümmern uns um den Rest! Man muss sich auch selber kümmern, kümmern um Solidarität, und es ist ja nicht so, dass man hier bei Null anfangen müsste. Dafür steht der 1. Mai in der Kultur unserer Arbeitsgesellschaft. Und es hat einen Wert in sich, Solidarität zu erleben. Das haben auch sie, die um Karstadt herum betroffenen Menschen erfahren.

In der Bibel gibt es eine sehr schöne Umschreibung dieses Wortes, das heißt: **Einer trage des anderen Last**. Das ist nun kein Satz, der in ein betriebs- oder finanz- oder volkswirtschaftliches Lehrbuch gehört. Aber es könnte der Satz sein, in dessen Geist solche Bücher geschrieben werden. Das ist ein Mentalitätsfrage, wie alle anderen Dinge auch, die ich genannt habe: Seelsorge, Mut, Anstand und Sitte, Solidarität.
Ob das in Zukunft eine wesentlichere Rolle spielen wird und kann, und so Anlass zu mehr Hoffnung ist, weiß ich natürlich nicht Das ist bei Mentalitätsfragen so. Aber ich wünsche es mir und hoffe darauf und wünsche mir, dass sich viele zu dieser

Hoffnung einladen und von ihr bewegen lassen. Einer trage des anderen Last, dieser Satz ist überzeugend – genial. Er ist es deshalb, weil die Einsicht in die Weisheit dieses Satzes **ein** Schlüssel dafür ist, dass in Zukunft der Mensch fröhlich sein kann in seiner Arbeit. Wer würde das nicht wollen für sich und eben auch für andere.

Und der Friede Gottes, der höher ist als alle Vernunft, bewahre unsere Herzen und Sinne in Jesus Christus. Amen!

Eine Heimat für die Seele

Predigt über Epheser 6,10-17 24.10.2010, 21.Sonntag nach Trinitatis.

Die geistliche Waffenrüstung

Zuletzt: Seid stark in dem Herrn und in der Macht seiner Stärke.

Zieht an die Waffenrüstung Gottes, damit ihr bestehen könnt gegen die listigen Anschläge des Teufels.

Denn wir haben nicht mit Fleisch und Blut zu kämpfen, sondern mit Mächtigen und Gewaltigen, nämlich mit den Herren der Welt, die in dieser Finsternis herrschen, mit den bösen Geistern unter dem Himmel.

Deshalb ergreift die Waffenrüstung Gottes, damit ihr an dem bösen Tag Widerstand leisten und alles überwinden und das Feld behalten könnt.

So steht nun fest, umgürtet an euren Lenden mit Wahrheit und angetan mit dem Panzer der Gerechtigkeit,

und an den Beinen gestiefelt, bereit, einzutreten für das Evangelium des Friedens.

Vor allen Dingen aber ergreift den Schild des Glaubens, mit dem ihr auslöschen könnt alle feurigen Pfeile des Bösen,

und nehmt den Helm des Heils und das Schwert des Geistes, welches ist das Wort Gottes.

Epheser 6,10-17

Liebe Gemeinde!

Es ist eine sehr kriegerische Sprache, die uns hier entgegenkommt: Helm, Schwert, Waffenrüstung und es gibt böse Tage und Widerstand ist zu leisten. Und wenn formuliert wird, es gehe darum, das Feld zu behalten, dann geht es eben auch um Sieg und Niederlage, wie im Krieg.

Hinter solcher Sprache steckt die Erfahrung, Feinde zu haben. Diese Sprache begegnet uns gar nicht selten in der Bibel. Vor allem in den Psalmen ist häufig davon zu lesen. „Die mich ohne Grund hassen, sind mehr als ich Haare auf dem Kopf habe" schreit David. An anderer Stelle klagt er: „Schwerter sind auf ihren Lippen". Und der Wunsch, dass Gott sich gegen die Feinde wendet, findet sehr bildlichen Ausdruck, wenn die Bedrängten darauf hoffen, dass Gott die Feinde durch Feuer fressen lässt und ihre Nachkommen vom Erdboden vertilgt. Da sind ganz reale, ganz wirkliche Feinde gemeint.

Von solchen redet auch Paulus. Die Feinde, das sind die Mächtigen und Gewaltigen, die Herrn der Welt, mit anderen Worten: diejenigen, die regieren und die Macht haben und das Geld, um mit dessen Macht zu regieren.
Diese Herrschaften zur Zeit des Paulus setzen den Christen gewaltig zu. Und sie selber, die Herrn und Mächtigen damals und zu allen Zeiten haben selten Zweifel an dem, was sie tun.

Und eigentlich sind sie nie verstummt die Klagen des „kleinen Mannes", dass die Mächtigen machen, was sie wollen, koste es, was es will. Ein Beispiel liefern uns die Fernsehbilder der letzten Wochen aus Stuttgart. Sie passen, wie gesagt als Beispiel genau in dieses Muster. Es geht zwar um etwas anderes, aber die Bilder als solche gleichen sehr denen, die wir vor gut 21 Jahren voll Hochspannung im Fernsehen verfolgt haben, mit viel Sympathie für die, die gehört und gesehen und respektiert werden wollten, als freie Bürger, wie es sich gehört.
Und es gibt Grenzen für das Austragen gegensätzlicher Positionen. Diese Grenzen müssen gar nicht in einem Gesetz oder einem Erlass des Regierungspräsidenten festgeschrieben sein. Die sind schlicht den guten Sitten geschuldet und sind spätestens dann überschritten, wenn Blut fließt. Spätestens dann ist klar, dass etwas ganz falsch läuft und es ist eigentlich nur bedauerlich, dass erst dann wieder

Bewegung in Richtung zivilisierten Verhaltens möglich wird – erst dann. Aber die Chance dazu besteht, und sie wird genutzt, von allen Beteiligten hoffentlich in dem Bewusstsein, dass es durch nichts gerechtfertigt ist, die Chance zu vertun.

So etwas, eine Chance, hatte Paulus, der den Brief an die Epheser geschrieben hat, nicht. Die Herrschaften, die Mächtigen der Welt seiner Zeit, waren anders. Die hatten überhaupt keine Toleranz. Ihr Vernichtungswille war gesetzt. Und im Zentrum dieses bösen Willens standen mehrere Jahrzehnte die Christen. Sie wurden verfolgt. Als Paulus diesen Brief an die Epheser schreibt, da sitzt er im Gefängnis. Darunter muss man sich eigentlich einen Kerker vorstellen und er war in Ketten gelegt. Ob er da je wieder heraus kommen würde und ob aufrecht oder mit den Beinen voran, das war vollkommen ungewiss. Es gab auch keine Gerichte, die sich mit so einer Lappalie wie einem zum Christ gewordenen Juden abgegeben hätten. Da hat jemand in einer schamlosen Laune und Willkür einfach so oder so (*Daumen nach unten*) gemacht, und das war es dann.
Und Paulus hat Angst – nicht um sich selbst. Er hat Angst vor der Angst seiner Mitchristen. Die Angst könnte nämlich dazu führen, dass sie ihren Glauben aufgeben, weil der äußere Druck so immens groß wird. Denn mit dem Glauben ging es um Leben und Tod. Und er beschwört sie, sich zu rüsten, und den „listigen Anschlägen, wie er schreibt „den listigen Anschlägen des Teufels“, der sich der Angst bedient, nicht auf den Leim zu gehen. Paulus weiß, dass das nur innerlich geht. Denn sie sind keine Armee und nicht ausgerüstet wie die Soldaten der Mächtigen der Welt. Mit Fleisch und Blut, sagt er, kämpfen wir nicht. Da gibt es keine Chance und sie kämpfen auch nicht darum, die Macht zu übernehmen. Weltliche Macht ist Paulus sowie so sehr fragwürdig, jedenfalls wie sie damals ausgestattet war. Er beschreibt sie als Herrschaft der Finsternis, die im Verein mit bösen Geistern ihr Wesen, d.h. ihr Unwesen treibt. Man kann sich leicht vorstellen, dass solche Worte den Herren der Welt nun schon überhaupt nicht gefallen haben. Und welcher Herr der Welt hätte sich

je sagen lassen, dass er wie ein kompletter Versager da stehen wird, wenn er dereinst vor dem Richterstuhl Gottes nach dem Evangelium des Friedens und der Gerechtigkeit gefragt wird. Damit hatte er nämlich nichts am Hut. Mit seinen Ansichten und Worten lebt Paulus also sehr gefährlich. Sie waren ein Frontalangriff auf die Mächtigen seiner Zeit. Aber er hatte, wie gesagt, keine Angst, sein Leben zu verlieren. Er hatte Angst, dass seine Mitchristen die Würde verlieren, dass ihnen die Würde in ihrem Glauben zerstört wird durch beständige Bedrohung des Lebens und auch des Lebens ihrer Kinder.

Ganz anders, vollkommen anders ist es heute. Jedenfalls bei uns. Christenverfolgung gibt es, aber es gibt sie nur in anderen Weltregionen. Bei uns herrschen diesbezüglich nahezu paradiesische Zustände. Wir haben das garantierte Recht der freien Religionsausübung. Wir können Gottesdienste feiern. Unsere Gotteshäuser sind sichtbare und akzeptierte Wahrzeichen unseres Glaubens. Wir müssen nicht darum kämpfen, innerlich und äußerlich wegen unseres Glaubens am Leben zu bleiben. Wir können ungehindert unsere Kinder in der Taufe dem Segen Gottes anvertrauen und offen an jedem Grab das Vaterunser beten.

Zugleich lässt sich beobachten, dass diese Zustände wenig geschätzt werden. Vielen Menschen, getauften Menschen, sagt das nichts. Die Freiheit der Religionsausübung scheint eine Freiheit zu sein, auf die man getrost verzichten kann – aber gäbe es sie nicht, das wäre sehr, sehr schlimm.

Manchmal habe ich den Eindruck, mit dieser Freiheit ist es ähnlich, wie mit dem täglichen Brot. Das ist so selbstverständlich, dass man gar nicht mehr auf die Idee kommt, es für etwas Besonderes zu halten.

Ganz im Gegenteil: das tägliche Brot, wörtlich genommen, das ist viel zu wenig, das ist langweilig. Das reicht schon lange nicht mehr. Der Gewöhnungs- und Sättigungsgrad ist so hoch, dass es täglich etwas anderes sein muss, und geschickte

Vermarkter grübeln täglich darüber nach, ein neues Eventlebensmittel auf den Markt zu bringen. Was man mit dem Dunst der Selbstverständlichkeit umgeben hat, da sind wir Menschen so, da reagieren wir nicht mehr mit Freude und Dankbarkeit. Das lässt man auch schon mal links liegen und richtet sein Verhalten, sein Wünschen und Streben an anderen Dingen aus.

Im Vaterunser bitten wir nach wie vor um das tägliche Brot. Obwohl es uns daran ja gar nicht fehlt, d.h. auf dem Hintergrund unserer Lebensumstände hierzulande, ist das gar nicht nötig, darum zu bitten. Wir tun es trotzdem und werden es auch weiter tun und als Christen tun wir gut daran es zu tun. Denn es ist alles andere als selbstverständlich - gegen den Augenschein alles andere als selbstverständlich. Es ist sogar ganz etwas Besonderes. Es ist ein Ausdruck von Gnade, die Not des Hungers nicht erleben zu müssen, egal, wie verwöhnt man ist. Vielleicht sortieren wir Menschen einfach nur die Dinge falsch ein, sei es das tägliche Brot oder die Chance in Freiheit glauben zu können. Stattdessen halten wir anderes für wichtig, das tatsächlich erst viel später von Bedeutung ist.

Zur schlichten Freiheit, glauben zu können, passt sehr gut, was der Inhalt unseres Glaubens ist. Auch das, was es zu glauben gibt wird leicht unterschätzt und ist vielleicht auch manchem Missverständnis ausgeliefert. Inhalt unseres Glaubens ist die in Jesus Christus offenbarte Liebe Gottes – insofern ist auf das Wesentliche des Evangeliums hier bei uns in der Kirche an der Wand hingewiesen Gott ist Liebe, steht da. Und Jesus vergleicht Gott, der die Liebe ist, und die Liebe Gottes mit unserer Menschenwelt. Und er sagt, Gott sei wie ein Vater und nennt ihn so im Gebet und erzählt entsprechende Gleichnisse, vom Vater, der seinen Sohn nie aus seiner Liebe entlässt.

In unserer Menschenwelt ist es schon ausgesprochen seltsam und verstörend, wenn Kinder, seien sie nun Kinder oder Erwachsene sagen: die Liebe meines Vaters oder auch der Mutter, der Eltern – damit kann ich nichts anfangen.

In der Menschenwelt kann das vorkommen. Da gibt es viele krumme Wege, auf denen schmerzlich etwas kaputt geht und dann wissen wir, dass mit der Logik des Lebens etwas nicht stimmt.
Bei Gott kann das nicht vorkommen, das ist das Evangelium, das Jesus verkündigt hat: Gott lässt uns nicht aus seiner Liebe. Darauf zu vertrauen, ist Glaube. Und er ist zugleich die Antwort auf eine große, auf die vielleicht größte Lebensfrage, die wir haben: Wo gehöre ich hin? Antwort: Zu Gott, der die Liebe ist.

Diese gewonnen Heimat nicht wieder zu verlieren, das stand für Paulus damals im Zentrum, denn es bestand die Gefahr durch äußere Bedrohung, dass dies geschehen könnte.
Diese gewonnene Heimat nicht wieder zu verlieren, das ist heute keine Frage von Bedrohung. Heute läuft es darauf hinaus, zu glauben - zu glauben, dass das täglich Brot etwas ganz und gar anderes ist, als etwas Selbstverständliches. Es ist für unser biologisches Leben das, ohne das alles andere nichts ist. Und was für das Brot gilt, das gilt noch viel mehr für die Liebe, ohne die alles nicht nichts ist, aber doch sehr viel weniger. Und Gott ist die Liebe. Er ist die Liebe, deren Glanz wir nicht verfinstern können sondern entdecken - für unser ganzes Leben, diesseits und jenseits der Zeit. Was für ein Glück?

Und der Friede Gottes, der höher ist, als alle Vernunft, bewahre unsere Herzen und Sinne in Jesus Christus. Amen!

Weihnachten

Predigt über Johannesevangelium 3, 31-36 25.12.2010

Der von oben her kommt, ist über allen. Wer von der Erde ist, der ist von der Erde und redet von der Erde. Der vom Himmel kommt, der ist über allen und bezeugt, was er gesehen und gehört hat; und sein Zeugnis nimmt niemand an.

Wer es aber annimmt, der besiegelt, daß Gott wahrhaftig ist.

Denn der, den Gott gesandt hat, redet Gottes Worte; denn Gott gibt den Geist ohne Maß.

Der Vater hat den Sohn lieb und hat ihm alles in seine Hand gegeben.

Wer an den Sohn glaubt, der hat das ewige Leben. Wer aber dem Sohn nicht gehorsam ist, der wird das Leben nicht sehen, sondern der Zorn Gottes bleibt über ihm.

Joh. 3, 31 – 36

Liebe Gemeinde !

Wo ist Weihnachten? Hier in diesem Text kommt so gut wie nichts Weihnachtliches vor. Keine Nacht in Bethlehem; Maria und Joseph – Fehlanzeige – und die Hirten sind auch nicht versteckt irgendwo zwischen den Zeilen. Dafür bleibt der Ausdruck „Zorn Gottes“ im letzten Vers in den Ohren hängen. Also noch einmal: wo ist Weihnachten? Auf den ersten Blick habe ich nichts entdecken können.

Es sind Worte von Johannes dem Täufer und er sagt sie mit Blick auf den erwachsenen Jesus. Das war aber ca. 30 Jahre nach den Geburtsereignissen. Darüber verliert Johannes, wie gesagt, kein Wort. Das ist ihm gar nicht im Blick. Nicht einmal die Menschwerdung Gottes bringt er zum Ausdruck.

Es wird erzählt, dass einer von oben her ist. In seinem Kopf muss man sich zusammenreimen, dass damit wohl Jesus gemeint ist. Er kommt von oben und bezeugt die himmlische Wahrheit und er ist der einzige, der das tut, weil nur er es kann. Alle anderen sind von der Erde. Sie können nur irdisch reden und das bedeutet im Johannesevangelium: Irrtum immer eingeschlossen

Das Einzige, was wirklich zu Weihnachten passt, ist das Wort Liebe. Aber in dem Zusammenhang kommen wir Menschen gar nicht vor. Es geht um die Liebe vom Vater zum Sohn. Dabei ist es für uns doch so wichtig, Weihnachten feiern zu können als ein Fest der Liebe – der Liebe, mit der Gott uns beschenkt, auf das wir lernen, sie weiter zu schenken. Dass wir Menschen geliebt werden und der Liebe wert sind, einfach mal so, das ist und bleibt die weihnachtliche Botschaft – wie aus einer anderen, der göttlichen Welt.
Aber genau diese Botschaft fehlt hier. Und ebenso fehlt die Liebe ja auch in unserer Menschenwelt, wenn es um unseren Umgang miteinander geht. Da kommen wir ins Stolpern, oft genug, und das Lieben wird verstellt von Neid, und Konkurrenz und Misstrauen und Recht haben wollen und Ähnlichem. Nicht, dass es keine Liebe unter den Menschen gäbe. So ist es auch nicht. Aber das andere bestimmt doch irgendwie nachhaltiger das Gesamtbild. **Du sollst deinen Nächsten lieben wie dich selbst** – dieses Gebot existiert vielfach nur als Fragezeichen an all dem, was sich Menschen so Tag für Tag rausnehmen gegenüber andern Menschen. Da ist ein anderer Grundton zu hören, als der der Liebe. Ein Grundton der vielleicht eher sagt: Du bist mir egal, du bist nichts wert, ich kann dich nicht ausstehen, wer bist du denn schon, du Wicht, du hast doch keine Ahnung!
Blaise Pascal, der hochfromme Naturwissenschaftler aus dem 16. Jahrhundert hat dazu schon festgestellt: *Ich stelle als Tatsache fest, dass, wenn alle Menschen*

wüssten, was jeder über den anderen sagt, es keine vier Freunde in der Welt gäbe [17]. Das ist nun sehr übertrieben und übertrieben pessimistisch, denn wir haben jederzeit ja auch die Freiheit, liebevoll und Anteil nehmend über andere zu reden und mit ihm umzugehen. Das geschieht ja auch und darüber hat der Pascal auch sehr gut Bescheid gewusst. Er wusste, was wir Menschen wirklich brauchen und er hat an anderer Stelle geschrieben: *Ein Tropfen Liebe ist mehr, als ein Ozean an Wille und Verstand.*

Dazu passt ganz gut die Redensart, dass Liebe sich vermehrt, wenn man sie verschenkt und gar verschwendet.

Es ist dir gesagt Mensch, dass du geliebt wirst und liebenswert bist – das ist der Boden, den die weihnachtliche Botschaft bereitet, auf den wir unser Leben stellen können.

Es bleibt allerdings diese Merkwürdigkeit, dass in diesem Bibeltext von der Liebe Gottes zu den Menschen gar keine direkte Rede ist. Vielmehr ist direkt vom Zorn die Rede: „Wer dem Sohn nicht gehorcht, über dem bleibt der Zorn Gottes“ – schreibt Johannes.

Das soll es zu Weihnachten doch nun gar nicht sein, der Zorn Gottes. Davon zu reden bereitet eher Angst und Unruhe und nicht Freude und Besinnlichkeit. Dies brauchen wir aber in unserer hektischen Zeit. Wir brauchen Harmonie und Frieden, Wohlwollen und Zeiten der Ruhe, um Kraft zu sammeln. Wir brauchen den Kreis der Familie, um uns unseres Herkommens zu vergewissern und darin Geborgenheit zu erleben. Weihnachten spielt das alles eine Rolle. Deshalb ist Weihnachten wohl auch so zerbrechlich und wir Menschen ganz feinfühlig. Umso mehr Sehnsucht nach Harmonie da ist, umso leichter kann es schief gehen. Da führen Kleinigkeiten zur Kränkung und winzige Unaufmerksamkeiten zur Enttäuschung. Die Heranwachsenden wollen vielleicht nichts mehr zu tun haben mit dem Familienprogramm der Erwachsenen. In manchen Menschen wohnt von vorn herein die Vorstellung, es sei besser, die Feiertage wären schon vorüber. Man genießt das gute Essen und torpediert den Genuss gleich mit dem Ärger darüber, dass es wieder mal viel zu viel war. Man lässt die Weihnachtslieder im CD-Player abspielen und ist innerlich auf Moll gestimmt. So geht es manchmal. Das alles passt ja nicht zu unserer Sehnsucht und Enttäuschung, Wut und Zorn und schon gar nicht. Aber wir kommen nicht immer drum herum, nicht immer und nicht immer an den Feiertagen und auch nicht in Bezug auf den Bibeltext: Wer dem Sohn nicht gehorcht, über dem bleibt der Zorn Gottes. Das steht tatsächlich da im Predigttext.

Möglicherweise hat genau das mit der Liebe zu tun, denn nichts kann selbst uns Menschen mehr in Zorn und Wut versetzen als die Menschen, die wir lieben. Da, wo Gleichgültigkeit zwischen Menschen ist, da gibt es keine starken Gefühle dieser Art. Da wo Liebe ist, viel Liebe in der weiten Landschaft des Lebens, da gibt es auch die Schlaglöcher und Stolpersteine von Wut und Zorn. Und am bedenklichsten ist es wohl dort, wo Liebe nicht oder nicht mehr erwidert wird.

Vielleicht hat Johannes diese Erfahrung im Hinterkopf, wenn er vom Zorn Gottes schreibt. Denn Gott ist für ihn keine Theorie und kein ferner Weltenlenker. Gott ist der, der uns liebt und nah sein will, und dessen Geschenk an uns darin besteht, dass wir uns dieser Liebe öffnen und auf sie zu gehen können.

Zu Weihnachten geschieht das ja auch vielfach. Da öffnen sich Menschen dem Geheimnis der Menschwerdung Gottes und mehr als sonst gehen die Menschen in die Kirche und lieben die Geschichte vom Kind in der Krippe und zeigen sie ihren eigenen Kindern.

Dass Gott vielmehr für uns übrig hat, ist dann schnell wieder vergessen. Dass er Mensch geworden ist und nicht nur Christkind, der Mensch Jesus von Nazareth, das verflüchtigt sich im Alltag der Welt alsbald nach den Feiertagen.

Ganz in diesem Trend lebt auch Herr Mustermann, von dem folgende Anekdote erzählt wird: Herr Mustermann war auf dem Weg zum Himmelstor, vor dem, wie immer und geduldig Petrus wartete. Noch nicht ganz angekommen begegnet Herr Mustermann einem anderen und der fragt unverhohlen: „Na, wie oft warst du zum Gottesdienst“? Und Herr Mustermann sagt: „Wieso Gottesdienst? Da war ich Weihnachten mal, sonst hatte ich besseres zu tun statt mir langweilige Predigten an zu hören!“ Darauf der andere: „Was heißt denn hier langweilig, darum geht es doch gar nicht. Es geht darum, ob du Zeit hattest für mich“! Sprach‘s und verschwandt. Herr Mustermann schüttelte nur den Kopf und dachte noch: „Zeit haben für mich! was bildet der sich denn ein – jeder braucht doch seine Zeit für sich selbst und was ich sonntags mache geht den doch wohl nichts an“. Dann ging er bis zum Tor, begrüßte Petrus und fragte auch gleich: „Hast du den auch gesehen, der da gerade mit mir geredet hat.“ Und Petrus sagt: „Natürlich!“ Und Mustermann fragt: „Ja und, wer war das?“ „Das?“, sagt Petrus: „Das war Gott Vater!“

Keine Zeit haben für Gott, das ist durchaus gängig in unserer zivilisierten Welt des Herrn Mustermann. Dabei kann man allerdings etwas schier Unfassbares leicht übersehen und infolge dessen davon auch unberührt bleiben. Was Gott für uns übrig hat und was er dem Kind in der Krippe, dem Mann Jesus von Nazareth für uns in die Hand gegeben ist nämlich: **Alles ist ihm in die Hand gegeben, er hat das ewige Leben-** schreibt Johannes. Und er hat es nicht für sich, sondern für uns.
Ewiges Leben – das hat hier allerdings nichts zu tun mit jetzt und dann, hat nichts zu tun mit der Trennung von irdischem Leben und Leben danach – wie das vielfach verstanden wird. Es beginnt hier und heute und hat nichts damit zu tun, ob man lebt oder nicht mehr lebt, sondern ob man glaubt, oder nicht. **Wer an den Sohn glaubt hat ewiges Leben -** heißt es hier im Johannesevangelium.

„Ewiges Leben“ ist nun natürlich ein ganz und gar religiöses Wort. Vielen Menschen, die sich nicht als religiös erleben, sagt es wenig. Aber es könnte sein, dass man es hier nur mit einer Oberfläche zu tun hat. Dahinter steckt eine ungeheure Sehnsucht nach ewigem Leben. Zumindest spricht dafür das nahezu unüberschaubare Angebot an „alterungsverhinderungs“ Kosmetik. Dass das Leben wächst und dass das Zeit braucht, d.h. das man alt wird, diesem Wachstum versucht man mit viel Energie entgegen zu wirken. Und Wissenschaftler tun dasselbe. Sie erforschen eifrig die Gene, um, wie Bill Clinton es einmal sinngemäß gesagt hat, das Alphabet zu entziffern, mit dem Gott seine Schöpfung geschrieben hat. Mancher Wissenschaftler kommt da schon in die Versuchung, sich als legitimer Nachfolger Gottes zu verstehen. Da steckt viel Religion drin, viel Sehnsucht nach ewigem Leben, ein großer Wunsch danach, über das Leben, wie wir es kennen, hinaus zu kommen.

Dieser Wunsch, diese Sehnsucht nach Leben über das erfahrbare Leben hinaus, zieht weite Kreise. Und in dieser Weite verirren sich manche und verlieren den Blick, für das kleine Kind in der Krippe, das Jesus von Nazareth ist, von dem es heiß: er hat ewiges Leben. Von ihm an der Hand genommen geht keiner verloren und verliert keiner sein Leben in der Kälte von Zufall und Schicksal.

Warum Gott uns zumutet, von Herzen einem kleinen Kind zu vertrauen, ganz machtlos und ohne Einfluss, arm, und das ist in Jesu Leben so geblieben, warum er uns zumutet, hier zu vertrauen – ich weiß es nicht. Vielleicht weil wir selber alle so angefangen haben. Vielleicht würde uns die Antwort aber auch gar nicht weiter helfen.

Denn die Antwort wäre nur eine Antwort und noch nicht das, worauf es ankommt: das Vertrauen, der Glaube selber. Zu glauben und zu vertrauen ist ein Wagnis – in jedem Fall. Es ist ein Selbstwagnis. Hier kann nichts verordnet oder antrainiert werden. Und es gibt auch keinen doppelten Boden. Und jemand hat mal gesagt: Glaube sei die unmögliche Möglichkeit. Und trotzdem ist es auf der anderen Seite auch nicht viel mehr, als auf zu stehen. Wenn wir das tun, am Morgen aufstehen, wie heute zu diesem Feiertag, weiß keiner genau zu sagen, was passieren wird. Wir wissen es schlicht nicht. Aber wer würde deshalb liegen bleiben. So könnte man auch das Wagnis des Glaubens angehen, einfach so, auch, wenn wir tatsächlich nicht ermessen können, wie gut es Gott mit uns meint. Und das tut er, dafür steht Weihnachten. Das tut er alle Tage und über alle Tage hinaus. Das glaube ich und ich glaube auch: nicht nur sein Friede, auch seine Liebe und Barmherzigkeit ist höher als unsere Vernunft – und es ist das, was uns wirklich gut tut.

Und der Friede Gottes, der höher ist als alle Vernunft bewahre unsere Herzen und Sinne in Jesus Christus. Amen!

Register der Predigten

Anmerkungen

[1] Seite 7: Die Predigt wurde gehalten anlässlich einer Einführung als Mitarbeiter im Bereich Kirche und Arbeitswelt der Ev. Kirche von Kurhessen-Waldeck)

[2] Seite 7: Alle Bibelübersetzungen stammen aus „DIE BIBEL – NACH DER ÜBERSETZUNG MARTIN LUTHERS, Deutsche Bibelgesellschaft, Stuttgart, 1985

[3] Seite 23: Jeder Gottesdienstbesucher hat zu Beginn des Gottesdienstes einen Apfel geschenkt bekommen.

[4] Seite 30: Der Predigttext wird nicht gelesen, sondern mit der Predigt nacherzählt.

[5] Seite 58: Susanne Gascheke, Die Erziehungskatastrophe, DVA, 4. Aufl., 2001

[6] Seite 58: ebd., S.41

[7] Seite 69: ebd, S 132

[8] Seite 69: ebd., S. 14

[9] Seite 60: ebd., S. 54

[10] Seite 60: ebd., S.177

[11] Seite 60: ebd, S. 36

[12] Seite 61: ebd. S.36

[13] Seite 71 : keine Quellenangabe; die Stellen aus dem Werk „Max und Moritz" von Wilhelm Busch sind aus dem Gedächtnis zitiert.

[14] Seite 78: Der Predigttext wird nicht gelesen, sondern mit der Predigt nacherzählt.

[15] Seite 103: Zitat von Oscar Wild wurde gefunden im Internet unter http://zitate.net/oscar%20wilde:2.html

[16] Seite 115: Die Predigt wurde gehalten anlässlich des Tages der Arbeit in Hanau. Dort war kurz zuvor ein Karstadtkaufhaus geschlossen worden.

[17] Seite 129: gefunden im Internet www.gratissprüche.de? - Blais Pascal

Printed by Books on Demand GmbH, Norderstedt / Germany